U0001140

# 從此不再壓力山大

## 給忙碌人士的紓壓撇步

蘇益賢——著

前言

# 你我都不陌生的……壓力山大人

A君

剛出社會的新鮮人，還在調適如戰鬥營一般的設計師工作。每天上班需要極度專注的他，下班變成一顆洩氣皮球，拖著疲憊的身軀回家。到家的第一件事，就是打開Netflix，一看就是三、四個小時。熬夜不睡的後果，就是白天難以專注，甚至時常出包。**他，壓力山大**。

B女

最近這陣子被老闆安排到另一個業務團隊擔任主管，面對不受控的下屬，她發現自己過去管理員工的方式不管用。還在持續摸索該怎麼做的時候，卻發現自己生理期也開始不受控了，心想「怎麼會這樣」。**她，壓力山大**。

C君

雖然已經工作滿一年了，但他對於「上台提案」這件事還是十分害怕，不知道如何自在地面對台下好多雙眼睛。一想到明天又要上台提案，他的肚子就開始不舒服了，會議前拉肚子更是家常便飯。開會當天甚至連早餐都吃不下。**他，壓力山大**。

D女

兩個孩子的媽。最近剛升高中的兒子，在學校闖禍了。學校老師打來和她說明事情的來龍去脈。掛掉電話的那一刻，她頭暈目眩、感覺胸悶、頭皮發麻。不知道等下兒子回來要怎麼和他好好溝通，覺得自己快煩死了。**她，壓力山大**。

E君

最近剛從公務員退休。原以為退休的清閒很讓人嚮往，但真的開始後，發現沒有想像中這麼自在。當了多年家庭主婦的太太，早已習慣這樣的日子，每天替自己安排各種有趣的課程和聚會，兒女也已經長大離家。他呆坐在家裡閒閒沒事做，完全不知道自己該做些什麼，只能每天晾在客廳給電視看。過去工作的後遺症讓他身體時常感覺酸麻刺痛，更是讓他心煩意亂。**他，壓力山大**。

F女

碩三學生。面對難產的論文，眼看同實驗室的同學都陸續畢業了，她的研究計畫卻持續停擺。想起指導教授的臉，她不但沒有燃起書寫論文的鬥志，反而慣性地躲到廁所去——租屋處的廁所被她掃的一塵不染。面對畢業的大限，她明知該面對，卻還是慣性地躲起來，無法動彈。**她，壓力山大**。

親愛的讀者，有沒有覺得這些故事裡主角的身影格外熟悉？無論這些人的身份、年紀、性別，與面對的處境多麼不同，從他們呈現出來的狀態去判斷，毫無疑問地，他們都深受壓力之苦。

這些故事是特殊案例嗎？其實不是。在心理諮商門診裡，這些「壓力山大人」其實是常客。在我們居住的這塊土地上，壓力更可說是「籠罩全台」。

信諾保險集團[1]曾針對全球二十三個國家進行調查。想知道國人在身體、家庭、社交、財務和工作等五大面向的生活狀況。結果發現，二〇一**九年台灣受訪者的「壓力指數」位居全球第二**（僅次於南韓，勝出一個百分點）：96%的台灣受訪者表示，生活充滿壓力；相較之下，全球平均是84%。

若以十分為壓力指數的滿分，二〇一九年國人的壓力指數為六點六分。但在當中，位於三十五歲到六十四歲這個「壯年時期」的民眾填答的壓力指數更高，來到六點九分。

調查指出，目前正在工作的人感受到的壓力，比沒有工作者高出許多。身處三明治世代（上有父母、下有小孩要養），壓力山大更是躲不掉的宿命。讓國人深感壓力的前五個原因分別為：個人財務問題、健康問題、工作量過多、家庭財務問題，與缺乏就業保障。會發現這五項多少都與家庭、工作有關。

在滿分一百分的「整體健康指數」方面，全球表現進步了，從去年的六十一點二分進步到六十二分。但台灣卻退步了，從五十七點二分掉到五十五點三分。調查

1 美國信諾保險集團（Cigna）是總部設在美國的第二大國際工商保險公司，服務對象包括美國與全球的個人和企業。

顯示，台灣人越來越不健康了。

壓力山大的台灣人不只多，更讓人憂心的是，並不是每個民眾都把「壓力當一回事」，認為壓力是需要處理，甚至協助的。

華人社會習慣「報喜不報憂」，很少人會主動將壓力、煩惱說出口。近五成民眾紓壓的方法，是從事自己喜歡的事，包含24%的購物與22%的睡一覺（後面我們會提到，這些紓壓方法其實不是最有效的）；只有5%的民眾會尋找專業人士討論自己的壓力。

事實上，壓力在台灣早就不是新鮮事了，但卻始終很少受到正式的關注。雖然國人平均壽命增加了，但卻未必能「健康的老」。追本溯源才發現，許多「不健康」的種子，其實早在年輕、青壯年時，就跟著壓力一起被種下了。甚至，我們可以這樣說，壓力是讓許多疾病快速惡化的重要原因。

在臨床心理師的工作中，壓力議題無所不在。疾病調適，也是壓力調適。婚姻問題，除了要學習溝通之外，也與壓力有關。課業問題、人際關係、職涯發展……眾多議題都圍繞著壓力二字。

此外，在我外出到企業授課演講時，「壓力課」也一直是許多企業選擇主題的首選。近幾年有越來越多公司因為聞到壓力的氣息，而願意提供員工這樣的訓練，讓大家可以用更有智慧的方式應對壓力。

然而，並不是每間公司都有時間與資源可以安排類似的課程，這是一件非常可惜的事。在這個脈絡下，我決定把這幾年在壓力管理課上分享的觀念轉化為文字。期待透過書本傳播的力量，讓更多「壓力山大」的學生、上班族、爸爸媽媽、退休人士等……能因這些觀念或技巧，改變應對壓力的心態與方法，進而讓人生過得更好。

**接下來，我們來簡單介紹一下本書的架構：**

第一章，「**好壓力 vs. 壞壓力：壓力和你想的不一樣**」。壓力二字時常聽到，但到底它的定義是什麼？原來壓力有分成「好壓力」與「壞壓力」兩種？對壓力的概念有正確了解，才能夠站穩管理壓力的第一步。同時，在這邊我也會陪讀者進行一次「壓力檢測」，讓讀者了解自己目前的壓力狀態（你是在好壓力這邊，還是跑到壞壓力去了）。

第二章，「**意想不到，壓力原來從這裡來**」。壓力原來是老天爺「內建」在我們腦中的一個應用程式？而這個程式最重要的功能，就是讓我們活下去。在第二章將簡介壓力的成因與根源，讓讀者了解壓力的來龍去脈。在面對壓力時，每個人採用的方法稱為「因應策略」，我也將在這邊做必要的介紹，同時邀請大家去思考自己常用的策略為何。讀者將發現，原來使用某些紓壓策略後，反而會讓我們壓力變得更大。

第三章是本書的重頭戲，「**心理師不藏私的紓壓撇步**」。在這章，我們將分享臨床上研究證實「有效」的紓壓秘訣。重點來了，在這章介紹的所有紓壓法，都不需要花錢！只需讀者每天留一點時間進行。稍加調整後，還能帶到辦公室或工作場所使用，保證有效！若沒時間讀完前兩章的讀者，也可以直接從這章開始練習減壓。

最後來到第四章，我們將討論一個很常見的現象：「**你知道『你』就是自己最大的壓力來源嗎？**」。這種「自己給自己壓力」的現象十分常見於自我要求高、擔任主管、幹部的人身上。透過一些簡單的評估，我將帶著讀者發現自己有沒有這樣的性格，也讓讀者了解，為什麼急躁、壓抑、不耐煩這些特質會讓你壓力更大。以及，這些性格又該如何去調適與應對。

執業至今，近兩百場的壓力講座，和許多學員互動、討論、激盪的結果，都已經去蕪存菁整理在本書裡了。期待透過本書，能讓更多人知道現代人必備的壓力知識，也學會帶得走、用得上的紓壓技巧。

Chapter 01

# 好壓力 vs. 壞壓力：壓力和你想的不一樣

## 1-1 從椅子站起來，有壓力嗎？

先別覺得怪，這是一個很重要的問題。在壓力相關的課程中，我都會拋出這個題目請大家想一想。很多人皺起眉頭說：

「這是什麼好笑的問題！從椅子站起來當然沒壓力呀！」

「我們每天都在做這件事情，怎麼會有壓力？」

「你在開什麼玩笑？站起來就有壓力，那上班怎麼辦？」

不過，有趣的是，**若我們把壓力放在最廣義的定義來解釋的話，從椅子上站起來，其實也是一件有壓力的事哦**！怎麼會這樣呢？

## 用人體的「三力」來理解壓力

在生活中，我們會遇到很多的環境變動。好比，今天天氣很差、明天要繳房租、後天有個你要負責上台報告的大型會議……不管你是新手爸媽、上班族、還是菜籃族，我們每天都活在這些「變動」之中。

在心理學裡，我們泛指這些需要我們去應付、處理的變動為「壓力源」，顧名思義，就是指壓力的來源。

為了應付各種或大或小的壓力源，我們必須耗費一些身體資源來處理。在人體系統中，我們把資源簡單分成三種，分別是「心力」、「體力」與「腦力」。來看看幾個例子：

**案例一**

昨天睡前，太太憂心忡忡的跟你說，大兒子最近在學校遇到一些適應狀況，老師今天還特地打電話過來。聽到這件事情後，你開始心煩意亂，擔心孩子的未來，是不是該帶孩子去給專家評估一下呢？萬一結果真的有狀況該怎麼辦？這可以再觀察一陣子嗎？拖太久會不會惡化……在煩惱、擔心的過程中，你耗費了許多與情緒有關的「心力」資源。

**案例二**

因為昨晚的煩惱而沒睡好的你，今天賴了床，晚了點出門，發現自己上班快遲到了。你急忙衝出家門，攔了一輛計程車，到公司後也不得閒，因為辦公室在五樓，但電梯已經跑到十二樓去了。你跑起樓梯，終於成功在五樓門口打到卡。在這段過程中，你耗費了大量的力氣，這是「體力」資源。

**案例三**

今天早上開會時，老闆交代每位主管在下班之前，都必須針對各部門最近業績變差的現況，提出一個解決方案。接到這個任務後，你馬不停蹄地開始尋找各種資料、做了許多調查、找了許多人訪談。在這過程中，你大量地動腦，消耗的是「腦力」資源。

在剛剛這三個例子中，依序提到的心力、體力、腦力消耗，都是為了應付環境變動。不管是孩子出現的狀況、還是快要遲到了，或是老闆丟過來的新任務，這些情境都會對我們身體的三力造成消耗。

簡單地說，各種需要我們耗費身體資源去應付的變動，就稱為壓力。而我們在心力、體力、腦力耗損的過程，或者耗損之後，在身心出現的變化則稱為「壓力反應」。

當我們成功地應付了某個壓力後，這次的成功經驗，會讓我們下次再遇到類似狀況時，變得比較有信心，相信自己可以面對未來類似的狀況，這就是一種「成長」。

在應對巨大壓力時，我們身體會試著用更大更多的力氣，動員更多腦力、體力、心力資源去處理這個壓力。若長期抗戰後仍處理不來，長久卡在這種狀態下，身體就容易因為這種「慢性壓力」而開始出現各種症狀。

也就是說，**過得去的壓力，就變成了你的「能力」；過不去的壓力，會讓人越來越「沒力」**。

## 換個設定，壓力倍增

「王小明，你這麼愛講話，現在給我站起來，說給全班聽！」老師指著班上那位調皮愛講話的同學，請他在全班面前站起來，分享一下他剛剛到底在講些什麼，班上鴉雀無聲。

「陳處長，是不是也請你站起來跟大家分享一下你們團隊的高見啊？」開會時，老闆指名要你站起來，和近四十位與會者分享你的看法。老闆不知道的是，其實剛剛開會你都在發呆，會議現場鴉雀無聲。

讀者會發現，在這兩個例子裡，王小明和陳處長等等要做的事情都是我先前提過的——站起來。不過，在這邊的「站起來」，跟一開始提到的「站起來」，好像不一樣。

在王小明和陳處長的例子裡，站起來突然變成一件壓力很大的事情。雖然表面看來，「站起來」的動作都一樣。但**即便是同一個動作，發生在不同的情況脈絡之下，就能帶來不同的壓力感受**。

也就是說，有很多因素會決定我們感受到的壓力；有沒有壓力不能只看「事情」

本身。對你來說很輕鬆、沒有壓力的事情，可能會讓另一個人壓力很大；反之亦然。對你來說在家裡做起來很輕鬆的事（如高談闊論），可能換個場景到辦公室，就變得壓力超大了。

這個提醒對職場中擔任管理職的主管特別重要。好比，陳主管時常納悶：

「奇怪，交代給下屬的事明明很輕鬆啊！為什麼對方做得這麼慢？為什麼他看起來壓力好像很大的樣子，有這麼嚴重嗎？」

「為什麼我做起來不用三分鐘的事，新來的員工要做這麼久？」

「為什麼大家開會的時候都不講話，說說話、發表意見有這麼難嗎？」

陳主管會有這些納悶，背後主要原因是，主管在職場上已經長期練習過，如何去承受、面對各種壓力源（也就是「見過大風大浪」）；更重要的是，他們多半都成功地找到應對方法（不然大概不會變成主管），累積大量成功經驗。但對新鮮人來說，他們可能才剛開始練習面對這些挑戰。

因此這些現象背後真正的原因，可能不是「抗壓性」，而是「經驗值」。而提到抗壓性，這也是個常被誤會的名詞，我們緊接著來介紹一下。

## 1-2 「抗壓性」跟你想的不一樣

「抗壓性」是個生活中時常被提到的概念。但我們提到這三個字時，多半是用來「噹人」的。好比，「那個誰誰誰真的是抗壓性很差欸！」

以心理學觀點來看，抗壓性跟大家所想的可能不太一樣。在諮商時，我們時常用「水杯」的比喻來帶領個案理解抗壓性的觀念。

心理師：「每個人出生時，老天都給我們一個水杯。」
個案：「水杯？」
心理師：「對，這是一個承載壓力的杯子。在遇到壓力後，我們的水杯就會被裝了一些水。壓力越大，被裝的水就越多。」
個案：「喔喔，這樣水杯會滿出來吧？」
心理師：「對，在面對每天的生活壓力後，如果我們沒有適當減壓，水杯水量就會越來越高。當水杯滿出來時，我們就會生病了！」
個案：「生什麼病呢？」
心理師：「這部分就要看每個人的遺傳和體質了，有人水杯滿時會得到『身體的疾病』，好比胃潰瘍、高血壓、腸躁症等；而有些人則會得到『精神疾病』，如大家熟悉的憂鬱症、焦慮症等。」

很多人認為，每個人天生的抗壓能力都是一樣的。在水杯的比喻中，也就代表我們生下來的水杯都一樣的空、一樣的大杯。不過事實並非如此，有些人在出生時，水杯就「預設地」被裝了一些水。這些「預設」的水，其實是來自於基因和遺傳。哪些因素很可能表示我們生下來的水杯比較滿呢？

- 一、二等親中有人情緒不穩定、易怒等。
- 一、二等親中有人為精神科、身心科患者。
- 一、二等親中有人有長期抽煙、酗酒、衝動問題、賭博等。
- 一、二等親中有人曾有自傷、自殺企圖或行為。

上面提到的，只是一小部分例子。在心理師了解一個人的過程，我們還有許多觀察水杯的角度，可以用來認識個案平常都用哪些方法來處理自己的情緒。以喝酒為例，酗酒者多半不是在心情好時喝，而是希望能透過喝酒讓心情變好。這表示他平時的生活中，時常出現心情不好或不穩定的狀況。

當家族一、二等親裡，越多人有類似狀況，就表示我們——身為這個家族的一份子——多多少少也會遺傳到這樣的特質，也就表示我們水杯天生的水量會稍微多別人一點。因此，能承受更多水（外在壓力）的空間就變少了。

這也是為什麼在心理諮商時，心理師通常都會花不少時間來了解你的「家庭結構」，除了父母、手足之外，可能還會溯及到你的祖父母那一輩。因為，透過這些特定的指標，心理師可以從家庭結構裡，找到相關的線索，進而用來了解眼前這位個案的「水杯」狀況。

主管：「心理師，我不懂，去年我一起錄取了兩位新人。」

心理師：「喔喔，怎麼了嗎？」

主管：「他們同一天到職，都是給我帶的。我很重視一視同仁，所以給他們的業績壓力、時間規定，資源都一樣喔。他們都做差不多的事情，但為什麼其中一個人看起來很悠哉，另一個人感覺整天壓力很大的樣子？」

心理師：「聽起來後面那位員工承受的壓力蠻大的？」

主管：「是啊，抗壓性怎麼這麼差？上班還動不動就感冒！」

在這個例子裡，以結果論來看，第二個員工的抗壓性確實比較差。但我們如果只用抗壓性來定義一個人，其實是滿不公平的事。畢竟，一個人的杯子裡天生有多少水，其實不是我們自己可以決定的。

但這本談壓力的書想說，不管你的水杯天生比較滿還是比較空，我們都能積極練習，在每天繁忙的生活中，找出時間來「減壓」，像是找到一個好用的湯匙，每天一點一點地，把水杯裡面的水撈出來。如果每天都能規律的撈水出來，讓水量適時減少，我們明天就可以再承受新的壓力了。

截至目前為止，讀者可能會以為壓力都是壞事。不過，實情並非如此，其實壓力還可以分成「好的壓力」與「壞的壓力」。

# 1-3「剛剛好」的壓力，讓你保持專注

澳洲有一條很有名的公路：「90 Mile Straight」，號稱澳洲最長的直線公路——全長一百四十五點六公里，都是直線。

曾有旅客形容，在這一百四十五點六公里完全直線的道路開車，時間彷彿是靜止的。若以一百一十公里／小時的車速持續開一個多小時，周遭景物幾乎沒有改變，放眼望去盡是天空、樹、馬路……偶爾，你才會遇到一台對向駛過的車子。不知道，看完這段描述之後，讀者們認為這條路好開嗎？

一條完全筆直的路，理論上應該非常好開吧！？很多人甚至會說這條路非常適合新手駕駛，你可以在這練習踩油門、踩煞車，大概都不會出什麼意外。

不過，這其實是一條「並不好開」的公路。對已經熟悉開車的駕駛而言，這其實是一條「危險的公路」，也是澳洲車禍頻傳的一條公路。

這條公路的特色是，開起來毫無壓力。為什麼沒壓力呢？因為不太需要動腦，只需記得踩著油門；可能連方向盤也不需要怎麼動。這條無聊、乏味、簡單的路怎麼會是一條車禍頻傳的公路呢？

若以一百一十公里的時速來開，大概整整一、兩個小時，駕駛都不需要控制方向盤、只管踩油門。然後，踩著踩著，你會發現你的眼皮越來越沈重，廣大遼闊的風景視野，從讓人心曠神怡，變得漸漸模糊……

駕駛在開這條路時，多半是孤獨的。因為車上的其他朋友大概都睡著了。在澳洲，這條公路又被稱作「寂寞公路」（Lonely Highway）。確實，在這條筆直的公路上，即使車上的乘客再多，最後也只會剩你一人寂寞地踩著油門。

而讓這條公路車禍頻傳的原因，其實正是因為這是一條「沒有壓力」的公路。

回想一下你開「山路」的經驗。對多數駕駛來說，開山路都是一件有挑戰的事。雖然因此感覺緊張、有壓力，但這種狀況下，我們反而都能聚精會神地開車。反倒是在「毫無壓力」的寂寞公路上，我們容易開始想睡覺。在寂寞公路上的車禍，原因幾乎都不是對撞，而是自撞……是因為駕駛睡著，自己跑去撞到兩旁的樹了。

曾經有一段時間，澳洲政府為了處理這條路車禍頻傳的狀況，先請專家調查，到底是在哪些路段最容易疲勞駕駛，後來發現，疲勞駕駛的區域都集中在某些地段，專家把這些地方取名為「疲勞區」。也就是，當駕駛上路後，一路開著車子，到了某些時間與地點後，他們精神最容易渙散，因而出車禍了。

那麼，要怎麼樣讓駕駛可以安全地度過疲勞區呢？答案和本書很有關係，就是讓駕駛在開車時，感受到「壓力」。

於是，他們在第一個疲勞區安排了一個看板。試圖讓駕駛在開車時，可以接受一些新的刺激。不同於台灣高速公路上會看到的看板，充斥著商業廣告與政治人物的臉，澳洲政府在看板上放的是「腦筋急轉彎」！

在開著開著快要睡著時，你看到左前方出現一個看板，上頭寫著：「地球上最大的生物？」

駕駛看到題目時的反應，和讀者現在的反應是差不多的。我們的大腦因為眼前這個有點怪異的提問開始運轉起來。就算此刻你還想不出答案，也沒關係。看板真正的用意是，讓駕駛在看到題目而不小心開始動腦的過程，「腦力」開始運轉。此刻，駕駛的大腦感受到一股輕微壓力，這種壓力讓駕駛原本想打瞌睡的心，稍微保持清醒。

就在駕駛想不出答案打算放棄時，車子已經順利的經過疲勞區了。打瞌睡的危機暫時解除，駕駛開著開著，又默默來到下一個疲勞區，再次陷入「瞌睡」危機中。

這時，另一個看板又在駕駛視線慢慢出現了。

看到第二個看板上的答案，駕駛可能覺得有趣而笑了；或者，他也可

能正在咒罵政府，真是無聊，怎麼把錢浪費在這種東西上……無論如何，在駕駛因為看板而有情緒的當下，他們的「心力」開始運作起來。因為這個身體感受到的小小壓力，駕駛的精神又再次振作起來，平安地度過下一個疲勞區。

在這個例子裡，因為看板的存在，而對駕駛造成壓力，這種壓力我稱之為「剛剛好的壓力」。

剛剛好的壓力又稱為「良性壓力」（Eustress）、正面壓力、積極壓力。**在良性壓力的激勵下，我們精神會變得比較好，甚至會感覺有一點愜意，給我們方向，促使我們往目標前進。**

也就是說，壓力其實不全然是壞

事。「剛剛好的壓力」能給予我們動力，帶給我們活力。更重要的是，這種好壓力還不會傷害到身體。

## 別讓「壞壓力」撈過界

先前提到，壓力可分成「好壓力」與「壞壓力」兩種。其實，很多我們在從事的活動，都屬於「剛剛好的壓力」，比方說運動。在之後要介紹的許多有效放鬆、紓壓技巧，好比漸進式肌肉放鬆法，都是透過「好壓力」來間接達成紓壓效果的。那要如何分辨我們現在的壓力狀態，是剛剛好的壓力，還是太超過的壓力呢？可以透過一個「倒U字形」的架構來區分兩者。

如下圖所示，X軸是時間、Y軸是壓力，以「表現」為觀察指標。在完全沒有壓

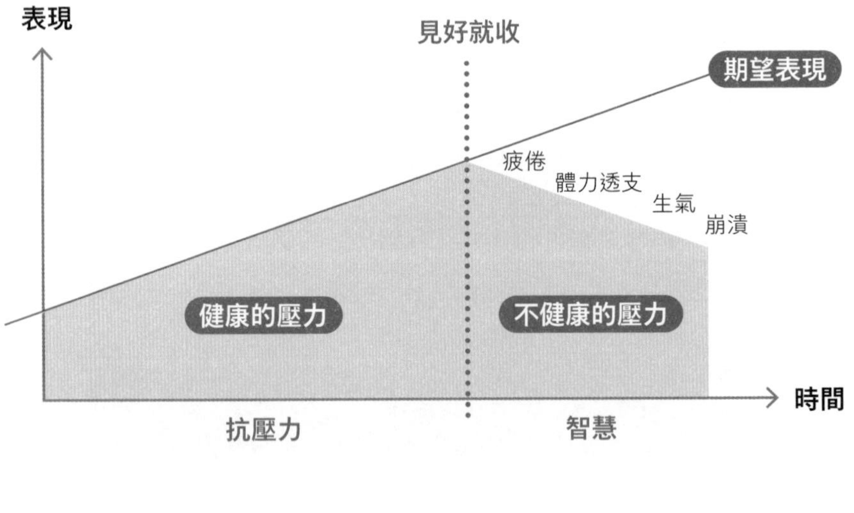

力時，我們的表現……可說是毫無表現。但是當壓力太大，身體承受不了時，我們的表現反而不增反減。什麼時候我們表現最好呢？就是在「壓力」剛剛好時。

舉例來說，學生什麼時候念書最認真、最有效率呢？相信大家都不陌生，就是在考試前那陣子。隨著考試逼近，壓力感受越大，唸書也越容易專注！或者，對一位趕著五點下班的上班族來說，在四點過後的他也容易進入高壓狀態，這反而讓他更可能進入高度生產力的狀態。

簡言之，在好的、健康壓力下，我們的表現會隨著壓力增加而提升。不過，人類畢竟是肉做，不是鐵打的，所以這種表現提升的程度其實是有限度的。圖上的「期望表現」，在超過我們的身體負荷之後，其實就不存在了。個人表現反而會因為疲倦、體力透支、情緒不穩定，而隨之變差。這對爸媽或主管來說，是個重要的訊息，希望提升表現時，**壓力並不是越多越好，而要找到「剛剛好」的壓力才是最有幫助的**。

在健康的壓力下，我們可以練習「抗壓性」，善用壓力來提升表現。但若壓力已經超過人體負荷了，身體若受不了，我們就掉到「不健康的壓力」範圍。

來到「不健康的壓力」範圍時，再繼續硬撐，試圖用抗壓性來面對，反而適得其反。這時，實踐某些人生智慧反而是更治本的作法。好比，該如何拒絕別人？該如何放下完美主義？該如何把不重要的事情交給別人去做？在後續章節我將會陸續和大家分享。

先前曾提到的水杯比喻，在此可以繼續延伸。雖然我們無法調整水杯的預設水量，但有沒有可能因為後天的學習與練習，而讓水杯變得比較大杯呢？答案是有的！如前圖所示，在學習正確的壓力觀念、適度努力地實踐減壓法則，並將它變成一種習慣，長期下來，圖上那條「見好就收」的虛線，就會慢慢往右移動。也就是說，在此情況下一個人可以承受的「健康的壓力」範圍比之前更大了，表現也有機會變得比之前更好。

沒有人的生活沒有壓力，只是我們在應付的到底是好壓力還是壞壓力，就變得很重要了。因此，接下來的問題是，要怎麼區分自己正在面對的壓力，是屬於「好壓力」還是「壞壓力」呢？我們一起花點時間陪自己做個「壓力檢測」吧！

# 1-4 幫自己做壓力檢測

「預防勝於治療」，相信大家都不陌生。在面對壓力時，這句話更是真理。

為了瞭解你最近的壓力狀態，閱讀以下十二道題目。在讀過題目描述後，若你同意這句話的話，請勾選「是」，不同意則勾「否」。

**每個題目都沒有標準答案，只需要按照自己的主觀感受與狀況來回答就好。此外，建議觀察自己「最近兩週」的狀況來回答。**

## 壓力檢測

1 □是 □否 這兩週時常覺得緊張，一直有事情做不完的感覺？

2 □是 □否 這兩週時常失眠、淺眠、多夢或易醒嗎？

3 □是 □否 這兩週情緒比較不穩定，如心情低落、焦慮、煩躁、阿雜？

4 □是 □否 這兩週覺得自己常忘東忘西、丟三落四，變得健忘？

5 □是 □否 這兩週胃口或體重有巨大變化，常暴飲暴食，又或者反過來，看到食物就反胃，不想吃東西？

6 □是 □否 觀察這半年，是否感冒、生病超過一次？（如果半年只有感冒一次的話不用勾）

7 □是 □否 這兩週時常覺得疲倦、很累，放假時都在補眠？

8 □是 □否 這兩週常覺得身體酸麻刺痛（如頭痛、腰痠背痛、肩頸酸痛等）？

9 □是 □否 這兩週常看事情不順眼，意見和別人不合而常吵架？

10 □是 □否 這兩週覺得自己在該認真時注意力卻難以集中，常恍神、分心？

11 □是 □否 這兩週常胡思亂想，對未來充滿不確定感，常有恐懼、害怕的感覺？

12 □是 □否 找一位家人或朋友，問問他「你覺得我今天的氣色如何？」若對方表示你氣色不太好的話，這題勾是。

### 記錄區

**第一次檢測日期：**________月________日，**打勾題數：**________

**第二次檢測日期：**________月________日，**打勾題數：**________

**第三次檢測日期：**________月________日，**打勾題數：**________

把你剛剛勾「是」的題目計算一下，並寫在記錄區（強烈建議大家每一、兩個月就幫自己做個壓力檢測）。依據你回答「是」的數量，以下為初步的壓力指數分析：

## 壓力指數分析

- **0至三個「是」：**太棒了，你目前的生活壓力仍在身體能負荷的範圍，請繼續保持，也記得善用本書後面的紓壓方法來紓壓。
- **四至五個「是」：**壓力可能已經對你的生活造成一些小影響了，雖然目前你還能勉強應付，但必需認真學習減壓的方法了。同時，也建議可以多與朋友聊聊、舒緩情緒。本書後續介紹的觀念與方法，要記得多加使用。
- **六至八個「是」：**目前壓力算滿大囉！建議您要積極減壓，同時留意自己生活習慣是否健康，不然，可能很快就會生病囉！此外，若最近正在面對比較大的壓力，不妨找位心理健康的專家陪你談談，會很有幫助（可參考本書最後的介紹）。
- **九至十二個「是」：**勾選超過九個是的讀者，目前您的壓力已經超載了。可能在閱讀這本書時，會覺得自己很難專心，這是很合理的。會建議您找時間與精神／身心科醫師、臨床心理師碰面，詳細討論生活遇到的狀況。若有必要，服用醫師開立的藥物，先緩和身心的不舒服，搭配心理治療，相信能幫助您盡快恢復正常生活。

大略來說，「是」的數量在〇至五題內，我會認為還算是「剛剛好的壓力」，但若超過六題以上，很可能表示你正處在「不健康的壓力」範圍，需要更積極的為自己減壓。

**做完壓力檢測後，我們將依據上面十二道題目問到的方向（如消化系統、免疫系統、專注力、記憶等），各自與讀者分享當中重要的減壓觀念。**

## 給青少年、小朋友的壓力檢測

除了上面十二題給成人的壓力檢測外，如果讀者家中有還在念書的兒童、青少年，爸媽也可以考慮用下面整理的向度，從旁觀察或主動詢問孩子們，生活中有哪些潛在的壓力來源。

**人際煩惱，可能來自於：**

□ 學校老師

□ 補習班老師

□相處不來的同學

□被欺負

□失去某個要好的朋友

□沒有知心的朋友

□遭到朋友的拒絕、欺騙或背叛

□被朋友在背後說壞話

□煩惱自己沒有男／女朋友

**家庭煩惱，可能來自於：**

□爸媽婚姻（如離婚或再婚）

□姐妹兄弟的相處不睦

□來自其他家庭成員的壓力（如過年親戚）

□家裡有人生病

□沒有足夠的零用錢或生活費

**學校煩惱，可能來自於：**

- □某個特定學科表現不如期待
- □擔心將來無法進入好的學校
- □擔心自己表現讓師長失望
- □不知道未來要做什麼工作、念什麼科系或學校
- □事情未如心想的發生（如沒有錄取社團、校隊等）

**心理煩惱，可能來自於：**

- □覺得自己不如人
- □害怕失敗
- □沒有得到大人充分的關懷與愛

如果爸媽發現，孩子在上述煩惱的「數量」並不多，表示孩子目前感受到的壓力還算適度。只要沒有出現異於往常的行為、情緒或社交反應，爸媽就可以放心了。生活中，試著提供情緒上的支持，多陪孩子玩樂、抒發心情、談談天會更好。

不管是孩子主動告知，或是大人觀察發現，孩子目前深受許多壓力影響時，

爸媽可試著營造一個可以讓孩子抒發心情的時間與空間，記得表達大人願意傾聽的意願，問問孩子怎麼說會比較舒服；有些孩子在旅遊、旅行時，覺得更放鬆、更安心，更願意聊聊自己的心事。

倘若，孩子承受的壓力已經略多，很可能在生活、學校適應出現困擾，或者出現異於往常的行為或情緒反應，爸媽應考慮帶孩子接受專業的心理諮商服務。好比與學校輔導室、諮商中心的心理師晤談，了解問題的癥結點，陪伴孩子積極的面對壓力。

長期壓力若未能處理，不只是大人，對小朋友來說，也易使內心壓力持續累積，進而演變為強烈情緒。有必要時，除了尋求專業心理諮商之外，心理師、輔導老師可能也會建議您帶孩子接受兒童心智科醫師的專業服務，透過藥物能較快速陪伴孩子處理他的情緒或睡眠困擾。

# 1-5 解壓的基本觀念

## 壓力觀念一：有沒有壓力很主觀，但可以修煉。

在一個三百人的會議裡，上台演講半小時，對你來說是一件壓力很大的事嗎？如果你很認同，那你並不寂寞。根據美國《書目》（*Book of List*）雜誌，針對三千名受訪者的調查結果，這些美國人受訪者中，最多人害怕的事情就是「公開演講」。華人最忌諱的「死亡」相較之下，只得到第六名。

不過，試著回想一下，你有沒有認識或聽過某些人，對演講不太害怕，甚至有點享受呢？像是公司的某些主管、表演慾很強的同學，或者你看過的主持人等。

也就是說，同一件事情，對A來說可能有壓力，對B來說卻還好，這顯示出壓力的「主觀性」，**一個人會不會在某個情境感到壓力，是很主觀的**。

時間回到我念國小。因為「說話課」表現得不錯，被老師推薦參加學校的演講比賽。那個年代的演講比賽，都是在教室裡舉行。台下聽你演講的人，就是其他班的參賽者，所以聽眾往往不到十幾個人。因此，當時的我「主觀」認為演講是個沒什麼壓力的事。

上國中後，我自告奮勇報名當時的演講比賽。殊不知，學校決定把演講比賽順便變成「環保宣導會」，請參賽者準備一段推廣環保的演說，而聽眾則從以前十幾個人，變成全校幾百個人。

第一次面對台下這麼多人，我當時嚇傻了。還記得自己在講台上當機許久，勉強擠出幾個字之後，就火速逃下台了。對念國中的我來說，演講立刻又從以前覺得的輕鬆，變成了「超級大壓力」。

我想，國中的我大概也想不到，出社會之後，演講居然變成我工作的一部分。對現在的我來說，演講已經是一件還算輕鬆的事了。從高中參與社團、大學報告、活動，到畢業工作開始累積經驗，持續練習，讓這件壓力很大的事，慢慢變得熟悉，進而不太會有壓力。

面對壓力後，我們若找到方法，就有機會用壓力提升自己的能力。勇敢地面對「壓力」，有效地做出改變與嘗試，就有機會扭轉它。讓原本的壓力，變成其他有趣的東西（好比：薪水！）。

曾聽過一句英文諺語：Stressed is just desserts if you can reverse。意思是：壓力（stressed）就是甜點（desserts），只要你能逆向觀看。以前聽了不以為意，但長大之後才發現，好像真的有這麼一回事。

同一件事情是否會帶給人壓力，這是很主觀的。未來在需要與他人一起合作時，可別忘了這句話。

在做主管諮詢時，我發現有很多優秀的主管，因為自身經驗多，面對一切都能處之泰然。在面對新進員工遇到事情，慌慌張張時，往往難以諒解。

別忘了，壓力是很主觀的。特別是對剛進職場的新人而言，職場壓力更是主觀的「大」。主管的優雅，其實是時間累積出來的，記得多給新人一點時間調適。

## 壓力觀念二：

### 壓力大讓你睡不好，睡不好讓你壓力更大。

十個來諮商的個案裡，大概有六個人會抱怨自己的睡眠。睡眠與壓力之間有著雙向關係。壓力大時，我們的身體會戰戰兢兢、過度戒備。在這種狀況下，反而會讓需要放下戒備才能好好睡一覺的任務受到影響。有睡眠困擾的人當中，多半也都有生活、工作上的壓力瓶頸。

什麼是睡眠困擾呢？最常聽到的大概就是失眠了。在臨床上，失眠大致可以分成三種類型：

#### 入睡困難型

「**入睡困難型**」是大家最熟悉的失眠類型。顧名思義，就是難以入睡的意思，我常用「煎魚」（翻來覆去）來形容入睡困難者在床上的樣子。不過，問題來了。多久沒睡著才算是入睡困難呢？來看看一個個案的故事：

個案：「心理師，太緊急了，一定要來跟你討論一下。」
心理師：「怎麼了，你說。」
個案：「我之前都很好睡，但不知道為什麼昨晚嚴重失眠！」
心理師：「你提到失眠，昨晚是多久才差不多可以睡著呢？」
個案：「我昨晚躺了十分鐘都沒睡著！」

這個讓人莞爾的案例其實透露出一個重要資訊，我們如何理解睡眠、對睡眠抱持的想法，其實會影響到我們的睡眠。

許多壓力大而開始失眠的人，都對睡眠持有「過度緊張」的思考方式。好比，規定自己晚上十一點以前一定要睡著，他們會說「中醫說十一點是肝臟休息的時間，沒睡著我的肝會壞掉」（順道一提，西醫其實沒有這樣的說法）、一天一定要睡滿八小時等。

在臨床上，我們會簡單用「三三三法則」來判斷個案是否失眠。第一個三是指上床後，需要三十分鐘（含）以上才能入睡；同時，這種狀況需要每個禮拜出現超過三天，且狀況持續超過三個月。

個案：「蛤！這樣才算失眠喔？」
心理師：「是啊，沒錯，這樣才符合醫學上失眠的定義。」
個案：「那我只是這陣子工作量多，晚上有幾天不好睡，這樣就不是失眠囉！？」
心理師：「沒錯，這比較像是因壓力變大的『睡不好』喔！」
個案：「哎唷，那我還急著幫自己下『失眠』診斷……」
心理師：「對啊，這樣自己嚇自己，還真的會失眠喔！」

根據台灣睡眠醫學學會調查，覺得自己「睡不好」的台灣人，大概有四成左右。不過，這種「睡不好」其實都未必符合「臨床上真正的失眠」。在關心自己睡眠之餘，也別「自己嚇自己」。很多真正的失眠，都是因為我們自己太過焦慮，反而真的讓睡眠品質變得更差。

**無法熟睡型**

第二種失眠是「**無法熟睡型**」，又稱為「睡眠中斷」、「夜醒」，指的是睡眠中斷，半夜醒來的時間超過三十分鐘（含）以上；一樣，得一週超過三次，維持三個月才符合臨床診斷。

據觀察，許多睡眠中斷者，往往都有靠酒助眠的習慣。為什麼很多睡不好的人都習慣用酒助眠呢？不外乎是因為喝完酒之後茫茫的，很多人認為這時候比較容易入睡。

這種想法某部分是成立的。但尷尬的是，酒精會破壞我們的睡眠結構。也就是，你睡得著，但睡不久，也睡不深。所以，起床之後可能並沒有充飽電。這也是為什麼酒後「宿醉」，就算你躺了一整天，起來還是很不舒服的原因。

站在醫學立場，我們「完全」不鼓勵靠酒助眠。很久以前，我們會衛教病人說適度飲用紅酒能保護心血管疾病。不過，現在這個說法已經被推翻了。

根據《刺胳針精神醫學》（*The Lancet Psychiatry*）期刊在二〇一八年發表的大型研究，酒精並沒有所謂的「無害飲用量」，也就是說，只要碰酒精就會傷身。相關研究發現，就算只是少量飲酒，得到癌症的機會就會比不喝酒的人高出一點二六倍，過量飲酒的致癌率更高出五點一三倍。

此外，台灣人其實是「沒有本錢」喝酒的。什麼意思呢？史丹佛大學研究指出，台灣有近五成的民眾，因基因遺傳而患有「酒精不耐症」，比例位居全球第一。

什麼是酒精不耐症？其實症狀大家都不陌生，它指的是喝酒後容易出現臉紅、心跳加快、頭痛、頭暈、噁吐、宿醉等症狀。以前看到酒後臉紅，民間會說「是因為代謝比較好，肝比較好啊！」，但事實完全不是這樣，喝酒臉紅不是你代謝很快，而是因為你不會代謝。

酒精不耐症的成因是什麼呢？台灣過半數國人，因先天遺傳因素而缺乏一種酒精代謝酵素：「乙醛去氫酶（Acetaldehyde Dehydrogenase，ALDH2）」。缺乏這種酵素，使得我們的身體無法代謝酒精。這些人只要喝酒，酒精無法代謝離開人體，就一直堆積在我們體內，特別是肝臟。也就是說，在酒精不耐症者身上，酒精完全就是「只進不出」。

研究發現，缺乏這種酵素的人，因飲酒而得到食道癌的風險甚至高達五十倍。因此，靠酒助眠、靠酒舒緩情緒，其實真的是傷身且傷心。

**清晨早醒型**

最後一種失眠稱為「**清晨早醒型**」，是個人比預計起床時間還要早醒來，且超過三十分鐘，無法再入睡。這種作息很常出現在長輩身上，但其實也是壓力影響身體的一種方式。

若讀者有睡眠中斷或早醒的困擾，在此介紹一個看似簡單但出奇有用的方法，就是「把房間裡的時鐘都收起來」。

許多人在睡眠中斷時的第一個動作都一樣，就是拿起手機看現在是幾點了。這樣做有幾個潛在風險。首先，手機的藍光，在完全漆黑的房間直射眼睛，就可能會讓你的大腦開始運轉，進而干擾接下來的睡眠。

同時，知道現在是幾點後，很多人就會開始胡思亂想。好比，「哎，怎麼沒辦法一覺到天亮呢？哎呀，我才四十歲啊……」、「現在這個時間，中醫好像說在養肝，我這樣會爆肝嗎？」。一旦腦袋開始轉，就注定睡不好了。

此外，看時間這個動作很可能讓身體開始「學習」——明天要在同一個時間再醒來一次。這種歷程很像是狗狗看到食物會流口水一樣，被稱為「制約反應」。身體會用它的方式「記得」明天在同一時間醒來，然後再看手機……這種惡性循環就容易一直維持下去。

關於如何睡好覺來紓壓，在後面的「紓壓撇步」我會繼續和大家討論。我們接下來要討論的是另一個常伴隨壓力出現的：情緒困擾。

## 壓力觀念三：

## 壓力大會讓人得憂鬱症嗎？

焦慮、煩惱、憂鬱、憤怒、羞愧、罪惡、恐懼，這些情緒是我在諮商室中最常碰到或觀察到的。這些情緒時常伴隨壓力而來。同時，在我們困在這些情緒之後，也會感受到更多的壓力。

許多民眾常好奇，是否長期處在壓力狀態下，就會讓一個人得到憂鬱症或焦慮等心理疾病呢？

不知道讀者是否記得之前提到的「水杯比喻」，這個比喻在臨床上又稱為「壓力素質模式」（diathesis-stress model）。先前提到，每個人生下來之後，都有一個水杯。水杯水量如果滿了，我們就會生病。而每個人生下來的「預設水量」是不同的，有些人的水杯天生就比較滿。這些人的家族遺傳中，往往有較多的「情緒不穩體質」，有些親戚可能有身心疾病、脾氣不好、抽煙喝酒等。反之，有些人的家族遺傳很單純，都沒有類似的狀況，這些人的水杯水量天生就比較少。

在遇到生活壓力時，我們的水杯會被「加水」。但在同一個壓力情境下，預設水量少的人，加水後，其實沒有太大的影響。但對天生水量就多的人來說，可能加了這樣的水量，杯子就滿了，於是他們就生病了。

因此，對天生水杯水量就很滿的人來說，壓力確實「很容易」讓你生病。但這並不表示天生水杯水量很少的人就不會生病喔！只是這些人可以承受更多更多壓力，但只要水杯滿出來了，還是一樣會生病。

## 壓力觀念四：壓力會讓人忘東忘西，這是失智嗎？

壓力會影響大腦功能，因此「記憶力」受到影響後，人的記性就會變差。大腦會把「空間」都留給那些讓我們壓力很大、煩心的事，因此就沒什麼空間處理手邊的小事，我們才變得丟三落四、忘東忘西。

許多民眾對「記性變差」時常有過度的擔心，因為他們把「記性變差」和「失智」混淆了。

失智和記性變差的差別是什麼呢？記性變差、健忘的人，在經過提醒之後，就能回想起一開始忘記的事。而失智指的是一種不可逆的現象，在經過提醒之後，仍無法正確回憶起一開始的狀況。

在與主管做管理諮詢時，我們也常提醒主管：「愛的教育」比「軍事教育」有效得多。不管是對學生、小孩，還是員工，在溝通時若我們用「強烈情緒」給予對方壓力，對方的大腦在高壓下將無法清楚聽懂並記住。「講一次講不聽」、「怎麼講都講不聽？」很可能不是因為對方「不想聽」，而是因為你製造的情緒壓力讓對方的大腦沒有空間去記住你說的話，相信這對雙方來說都是一件痛苦的事，值得留意。

## 壓力觀念五：
## 壓力大就暴飲暴食，不是你的錯。

在完成大案子後，許多上班族下班的第一件事就是——吃大餐！對許多人來說，「吃」一直都是紓壓的最佳選擇。

吃雖然是「紓壓的」，卻也同時是「壓力指標」。很多人在壓力大時，更難克制想大吃的衝動。不過，有些人則反過來，在壓力大的時候完全吃不下，甚至看到食物就覺得反胃、不舒服。

要怎樣才算是與壓力有關的飲食紊亂呢？讀者可以看看自己最近這陣子，除了有意為之（好比運動）的情況之外，體重約莫有正負百分之十的變動，這很可能就與壓力有關。

在人體長期處於壓力、負面情緒、睡眠不足等情況下，體內的飢餓素（Ghrelin）會大量分泌，而使我們胃口大開。

讓事情更糟的是，我們在壓力大時渴望的食物，幾乎都是高熱量的食物。好比，甜食、洋芋片、炸雞、薯條、速食等。很少聽說有人壓力大的時候會揪團去吃「素食」吃到飽。

背後一部分的原因，是因為壓力會使我們大腦的「本能反應」打開，而對本能的大腦來說，吃肉、高油的食物是我們的天性。在遠古時代，能吃到一塊肉就能提供我們很多天的熱量所需，所以這種嗜肉天性，在壓力大時會更被開啟。

除了胃口改變之外，很多人在壓力大時，也會出現消化系統的異狀，好比胃潰瘍、十二指腸潰瘍，或者是動不動就跑廁所的「腸躁症」。這些與消化有關的症狀，也都與壓力息息相關。

## 壓力觀念六：

## 動不動就感冒，背後是壓力在搞鬼。

另一個壓力觀測站是我們的免疫系統。在醫學中，有一個稱為「心理神經免疫學」的領域，正是在研究身體免疫功能與心理狀態之間的連結。

在生活環境中，存在著許多壞東西（細菌、病毒、微生物等）。這些壞東西偶爾會經過空氣、接觸或飛沫進入我們體內。多數時候我們都會沒事。因為我們的身體裡有一些戰鬥部隊，稱為「免疫系統」。他們就好比身體內的警察，在外人入侵時會發揮功能，將入侵者處理掉，我們因此就不會生病或感冒了。

不過在壓力大時，體內的警察會「罷工」。缺少這些警察的努力，我們就容易因為接觸到致病物而「中標」了。讀者不妨觀察看看，在流感季節，通常最早感冒的人，也往往是壓力很大的人。

在遇到壓力時，人體內會分泌一種稱為「正腎上腺素」的賀爾蒙。這種賀爾蒙會幫助我們應對壓力。但若壓力長期無法處理，除了正腎上腺素之外，另一種壓力荷爾蒙「可體松」也會隨之分泌。當可體松過多時，會引發一系列的身體反應，像是血壓不穩定、胃酸增加、大腦皮質細胞縮減，以及免疫系統被壓抑。這就是為什麼壓力之下我們更容易動不動就感冒的原因。

**壓力觀念七：**

## 假日補眠居然是「壓力指標」？

心理師：「假日補眠其實表示你壓力不小呢！」

個案：「怎麼可能，補眠很『紓壓』欸！」

心理師：「那我問問你，為什麼假日要補眠呢？」

個案：「嗯？因為平常睡不夠啊。」

心理師：「為什麼平常會睡不夠呢？」

個案：「嗯？因為晚睡啊……」

心理師：「為什麼晚睡呢？是因為睡不著嗎？還是……」

個案：「不會睡不著，可是都在滑手機……」

心理師：「為什麼都在滑手機呢？」

個案：「因為一整天上班下來累慘了，要好好犒賞自己啊。」
心理師：「對自己好一點，所以手機滑到一、兩點囉？」
個案：「哈哈哈……」

像上面這個案例，許多習慣假日補眠者，多數都是因為平日「睡不夠」。睡不夠可能是因為睡眠品質差，這部分好比前面提到的失眠；但與許多個案聊過，我發現更多時候是「該睡，但不想睡」[2]。

因為白天在工作受到太多委屈，許多人下班便發願「一定要對自己好一點」。怎麼個好法呢？就是允許自己在睡前花大量時間看電視、追劇、玩手機等……

連續晚睡，使得睡眠時間不足（稱為「睡眠剝奪」），影響到白天的精神，白天表現難免受到影響，又被主管盯上，或者影響績效，心情更差。晚上又不小心花更多時間讓自己好過一點，又更晚睡……形成了一種惡性循環。

多日睡眠不足，在週末「睡到飽」看似明智，但其實是有風險的。

2 在我與黃天豪、吳家碩臨床心理師合著的《認真的你，有好好休息嗎？》一書裡，我們稱這為「主動失眠」。

首先是生理時鐘被影響。禮拜天或者收假那一晚的睡眠，容易變得不穩定，好不容易在平日建立的睡眠規律，又得砍掉重來。禮拜天晚上睡不好，註定了隔天白天的精神變差。

同時，睡到飽也很可能讓我們錯過吃早餐，甚至是吃午餐的時間，這種同時破壞睡眠與飲食規律的現象，也容易引發許多人不舒服的症狀，好比頭痛、胃痛，長時間躺床若姿勢不良，也可能引發許多身體痠痛。所以，還是建議大家盡可能讓**平日、假日的作息盡量保持一致，才是紓壓之道**。

## 壓力觀念八：

**這邊酸、那邊痛，也跟壓力有關。**

酸、痛、刺、麻的感覺，可能出現在各種地方，好比頭部、頸部、背部、腰部等。這些不舒服的感覺，很可能是壓力狀態下的一種訊號。當然，也很可能是因為我們長期處在壓力下而變得「姿勢不良」造成的。

處於壓力下，我們的專注力幾乎都集中在「正在面對的事情」上，不自覺就讓姿勢變得歪七扭八，好比打字時把脖子縮起來，一直用低頭族的方式滑手機等。就算不是在壓力下，我們平時的姿勢可能也都不見得是健康的（也請觀察一下你現在是以什麼姿勢來看書的）。

長期讓身體處在不符合人體工學的姿勢，讓身體的肌肉、筋骨都不舒服，不但是壓力造成的症狀，更可能惡性循環地帶來更多壓力。

和一些個案晤談時，一直找不到讓對方心情不好的因素。後來輾轉聊到工作環境，才發現個案上班的八小時，姿勢幾乎都有問題。好比，電腦螢幕太小、角度不對，個案要用很奇怪的姿勢才能看清楚螢幕畫面。鍵盤和滑鼠高度也不符合個案身高，讓他必須動用多餘的手部肌力才能打字。此外，個案坐的椅子也很明顯不適合久坐。

正是這些小小的環節，持續給予身體「微壓力」。上班多久，就累積多久。等個案發現時，往往都是下班或者中午吃飯，要移動身體時，這些累積的不舒服才一口氣跑出來。

記得**回到身體，問問它現在的感受。很多時候，心裡的壓力，身體其實是第一個知道的。**

## 壓力觀念九：

## 看事情不順眼、愛吵架，也是壓力造成的。

女性朋友可能有類似經驗，在月經前後感覺特別煩躁。這種浮躁感主要源於身體變化。同理，在壓力引發各種身體症狀之後，我們也容易出現類似的浮躁感。

輕微的浮躁可能讓你特別容易看事情不順眼，覺得一堆地方不對勁。很多的浮躁可能讓你從「火種」升級為「煩躁」，容易因為一點點小事就引發大火，發脾氣。在辦公室裡，那些火氣最大的人（當然，要扣除掉出生之後脾氣就一直不好的人），往往都是壓力非常大的人。

還記得某次上課，因為教室位置就在大馬路旁邊，我正在帶學員進行放鬆練習，突然聽到一聲非常大聲而且持續十秒鐘的喇叭聲，打斷了我們的放鬆練習。當時，我就利用機會和學生說，這位駕駛應該長期處於壓力狀態下呢！在馬路上開車，難免會遇到不順心的事情，偶爾按幾下喇叭提醒對方是很正常的。不過，這「十秒鐘」不放手的喇叭聲，顯然告訴我們，這個駕駛累積了許多壓力。

## 壓力觀念十

# 壓力讓你在該專心時難以保持專注。

一般來說，人類的專注力大概可以維持多久？我們可以回到國小，回憶一下，小學生一堂課大約是四十分鐘。這也約莫是我們目前對人類專注力的共識，不管在做什麼，都會建議至少每四十分鐘需要休息一下。

不過就我自己講課的經驗，大概上課二十分鐘後，就會有第一批人默默地，讓靈魂離開教室（也就是睡著）。大概四十分鐘左右，又會有另一群人離開。第二批靈魂離開很正常。但如果你是第一批離開的人，這可能反映的是你的體力問題。

不妨想想「電池壞掉的手機」吧！什麼叫電池壞掉的手機呢？某隻手機剛充滿電，電力顯示100%。你把手機放在桌上，什麼程式也沒開，沒幾分鐘，它的電力就掉到80%。然後，你只是隨便開個網頁，電力就掉到50%。相信你會同意這是一個電池壞掉的手機。

類似這個比喻，許多人昨晚雖然感覺睡飽了，但起床之後沒有做多少事情，就開始感覺疲憊，這就是「人體身體電池」可能出狀況的訊號。

所以，不管是開會、上課、還是演講，都應該要考慮聽眾的專注力——大概每四十、五十分鐘就得安排一次休息。希望看到這邊的主管，都能盡量避免超過四十分鐘的會議，不然四十分鐘後還清醒的，大概只有當時在講話的人了。

同時，回到工作、讀書和忙碌的生活裡，同樣的概念也是成立的：**大概每專心三十、四十分鐘，就應該安排一次小休息，比較符合大腦的設計，也比較不會對大腦造成不必要的壓力**。

## 壓力觀念十一：

## 壓力讓你胡思亂想、停不下來（然後壓力更大）。

你是個「搞操煩」[3]的人嗎？這是一個可輕可重的煩惱，當搞操煩過頭時，很可能就與「焦慮症」有關。

人們在壓力大時，這種胡思亂想的狀況更容易惡化。我們可以操煩什麼呢？除了生活中的各種壓力之外，許多人因為壓力大而開始操煩的「素材」，還包括我們前面介紹過的各種身體症狀。

在焦慮症裡，有一種稱為「廣泛性焦慮症」的診斷，每天都有著無盡的東西可以操煩。這種停不下來的憂慮，時常佔滿當事人的大腦。曾聽過一個焦慮症的案例，她相當擔心「十多年之後」的日子，「我的小孩念大學交女朋友之後，會不會不要我這個媽媽了？」（這個案例的小孩今年剛上小一）。

有些時刻，搞操煩是難免的，特別是在社會動盪的時間。精神健康基金會[4]每兩年都會做一次「國人精神健康調查」。民眾會接到電話，並被詢問一些精神健康的問題，好比：你最近睡的好嗎？吃的好嗎？心情好不好？有沒有在煩惱些什麼呢？統合這些答案後，可以替每個人的精神健康打一個分數（滿分是一百分）。

在二〇一〇年，我們國人的精神健康分數是八十三分。二〇一二年，掉到八十一點六分。二〇一四年又回升來到八十三分。二〇一六年再次掉到八十一點五分。二〇一八年回升到八十二點九分。怎麼回事？為什麼大概每四年，就會看到一

3 閩南語，很多煩惱之意。

4 財團法人精神健康基金會成立於二〇〇一年，以二十一世紀腦科學之知識為基礎，闡揚精神健康、心理健康與自我健康之意義，並致力於精神健康之道的推廣，宣導對精神疾病的正確認知，提升國人的腦、心理與自我健康水準。

個掉下去，然後又回來的規律？

有些讀者可能已經猜到了。沒錯，正是因為選舉。每逢台灣大選該年，從選前到選後，國人的精神健康其實都受到很負面的影響。不管是選舉的口水戰、互相抹黑造謠，又或是搖旗吶喊式的撕裂與你立場不同的人，這些行為其實對心理健康都會帶來負面影響。

心理師：「你沒事會把路邊的垃圾帶回房間放嗎？」
個案：「怎麼可能！」
心理師：「那你有沒有想過，整天看新聞，其實就是在做一樣的事。」
個案：「喔？怎麼說。」
心理師：「新聞幾乎都是『負能量』、『腥煽色』，這對大腦來說都是負面的東西。」
個案：「有道理，所以不要看新聞比較好嗎？」
心理師：「當然完全不看太極端了，新聞要看，但不要『一直看』。」
個案：「這樣子說，可能連政論節目都要斟酌著看了。」
心理師：「是啊。」

許多人回家後習慣地把新聞打開一直播著，這對大腦來說並非好事。原以為看看電視會放鬆，沒想到新聞、政論節目卻會讓你越看壓力越大。

在介紹完壓力的基本觀念後，接著要討論的是「壞壓力」三寶：自律神經失調、過勞與工作倦怠。

# 1-6

# 壞壓力三寶之一：「自律神經失調」

大概年過三十，多少會開始耳聞「自律神經失調」這個名詞，甚至身體開始出現各種自律神經失調症狀了。到底自律神經失調包含哪些症狀呢？不妨瀏覽一下這個整理：

## 常見自律神經失調的症狀

| | | | | |
|---|---|---|---|---|
| 心悸 | 火氣大 | 四肢酸痛 | 失眠 | 失聲 |
| 皮膚過敏 | 耳鳴 | 吞嚥困難 | 體重驟減 | 呼吸困難 |
| 呼吸急促 | 青春痘 | 便秘 | 咳嗽 | 胃痛 |
| 胃酸過多 | 食慾不振 | 氣喘 | 疲勞 | 胸口痛 |
| 記憶力減退 | 排尿困難痙攣 | 視力減退 | 經痛 | 腹脹 |
| 腹瀉 | 嘔吐 | 噁心 | 頭痛 | 頭暈 |
| 頸部酸痛 | 頻尿 | 關節痛 | 身體某部份有麻痺發燒或刺痛感 | |

我們可以把身體比喻為一台汽車。汽車要能移動，需要仰賴「油門」和「煞車」兩者之間的配合。上路時，我們踩油門。該休息時，煞車就要踩穩。

在人體神經系統中，「交感神經」類似汽車的「油門」，而「副交感神經」則是「煞車」。

起床時，交感神經會大量的活化，意味著把油門踩好、踩滿，讓我們準備好應付一整天的挑戰。但在休息時，油門就得放輕，我們要踩的是煞車。把煞車踩穩、放鬆下來，我們才能讓身體慢慢的恢復體力。

「自律神經失調」指的是人體內油門和煞車兩者之間運作出問題、不協調。在該踩油門時，猛踩煞車；或者反過來。

舉例來說，失眠是常見的自律神經失調症狀。在我們應該踩煞車（好好休息）時，身體卻猛踩油門（躺在床上時腦袋轉個不停、想個不停）。這種在該踩煞車時，卻踩成油門的狀況，就是交感、副交感兩者失調了。白天想認真上班，卻頻打瞌睡，就是反過來，該踩油門，卻踩成煞車的例子。

自律神經失調有沒有藥可以吃呢？有沒有一顆藥，可以完全治好自律神經失調呢？答案是「沒有」。在剛剛的自律神經失調症狀清單裡，讀者會發現自律神經失調的症狀是很廣泛的，從頭到腳、無所不包。因此，若要改善自律神經失調症狀，需要專業的醫師來「對症下藥」，並沒有一顆妙用仙丹可以完全改善所有症狀。

## 別再忍啦！高壓讓你不再健康，變成「亞健康」

亞健康指的是介於「健康」與「生病」中間的灰色地帶。事實上，完全健康的人非常的少，大概只佔了5％；而正在生病的人，大概佔了20％。中間那75％的人，既非完全健康，但也不到生病，就稱為亞健康狀態。

當我們從健康，慢慢走向亞健康時，就會開始出現一些輕微的自律神經失調症狀。症狀輕微、初步出現時，其實未必需要就醫服藥，通常只要能適度改善生活方式、吃好睡飽運動，症狀多半就會減輕或消失。

不過，台灣人有一種「刻苦耐勞」的性格。在遇到各種身體症狀時，常習慣忍耐一下。或者到藥局買成藥，把藥吃一吃，告訴自己睡個覺就好了。

很多一開始輕微的症狀，經過時間變化、拖延，加上壓力的醞釀，慢慢變得越來越嚴重。這時，「症狀」就變成了「疾病」，就需要長時間接受醫療協助了。

朋友：「我問你喔，你是心理師嘛，我最近有在考慮去找人做諮商。」

心理師：「喔喔，很好啊，需要幫忙介紹嗎？」

朋友：「我想先問一下，你覺得我的煩惱要嚴重到什麼程度，才適合去找心理師呢？」

心理師：「哎呀……我這樣比喻好了，你覺得牙痛到什麼程度，才應該去找牙醫呢？」

朋友：「一覺得怪怪的就該去看啦，不然等下小蛀牙變成大洞！」
心理師：「這就對啦！當你覺得有些困擾想澄清，聽聽不同觀點，就很適合去找心理師談談了。」
朋友：「這樣啊，可是心理師會不會覺得我的問題很『沒什麼』啊！」
心理師：「心理師不會這樣想啦，我們心中的想法是，預防勝於治療啊，小問題早點討論，早點安心，就比較不會變成大問題了。」
朋友：「好，那我知道了！」

什麼時候是適合諮商的時候呢？就是「你覺得是不是該找心理師談一談」的那個時候。不管是諮商，還是就醫都一樣。該找專家時，就去找。不需要等到症狀變嚴重才行動。

事實上，不管是心理的煩惱，還是身體的症狀，越早發現、越早處理，往往事半功倍。像牙痛，在剛開始隱隱作痛時，醫生只需要做一些處理，大概就沒事了。若等到牙齒神經都被侵蝕，醫治過程的痛苦就大很多。

心頭的煩惱也是，不管是人際關係、生涯規劃，又或者是情緒困擾或壓力，早一點找心理師、醫師談談，往往都能發現更多你過去未曾想過的觀點。許多時候，這些「新觀點」可能就是讓你壓力迎刃而解的關鍵。

台灣健保制度讓國人就醫非常方便，這其實是我們的福氣。希望讀者都能善用這樣子的資源，在症狀出現時，該看醫師就去看。別在電腦、手機上到處搜尋，網路上很多資料可能都是錯誤的。不實資料越看越緊張，就更不敢找醫師，有時還會延誤了黃金治療時間。直接和專家面對面討論，才是最有幫助的做法。

當然，若你現在還沒有到「症狀」的程度，每天好好紓壓，也能讓你從亞健康的位置，慢慢走回健康的那一端。這部分我們在「紓壓撇步」會和大家做更詳細的討論。

# 1-7 壞壓力三寶之二：「過勞」

**近年過勞新聞標題**

- 還掛念工作，三十歲工程師疑過勞死。
- 每個月加班七十二小時，員警過勞死。
- 每天工作十二小時，二十九歲保全過勞死。
- 連日為民眾打疫苗，醫師忙到過勞死。
- 過勞死？連續上班十五小時，公車司機腦溢血不治。
- 月加班七十小時，麵包師傅過勞死。
- 賣場員工過勞死，揭「輪班工作」血汗內幕。

近年「過勞」二字因在日本頻傳而廣為人知。不過，在台灣，它也是某些人的生活日常。據二〇一五年統計，世上工時最長的國家，第一名是新加坡（2,371 個小時）、第二名是南韓（2,113 小時），台灣（2,104 小時）位居第三。

其實各行各業都可能是過勞的危險族群。只要工作時間太長、壓力累積太久，一旦超過身體負荷，就可能變得過勞。過勞症狀有哪些呢？根據勞動署，以下十二個症狀，都可能與過勞有關：

**過勞症狀與跡象**

- 經常感到疲倦、健忘
- 突然覺得有衰老感
- 肩部和頸部僵直發麻
- 因為疲勞和苦悶失眠
- 為小事煩躁和生氣
- 經常頭痛和胸悶
- 高血壓病史／糖尿病病史／心電圖異常

- 體重突然大幅變化
- 最近幾年運動也不流汗
- 自我感覺身體良好而不看病
- 人際關係突然變壞
- 最近常工作失誤或者發生不合

仔細觀察，這十二個症狀與一開始我們進行的「壓力檢測」題目其實很類似。確實如此，**過勞可以說是長期巨大壓力慢性累積的必然結果**。

其實，國人從小就開始練習過勞了。比較不同國家「小學生上課時間」，阿根廷小學生每天上課四小時、巴西五小時、加拿大六小時、美國六點五小時；台灣學生上課時間高達八至九小時，就更別提課後輔導、補習這些了。

在傳統觀念裡，刻苦耐勞是一個會被讚揚的事。但來到職場，太擅長刻苦耐勞，反而容易對身體造成負面影響。過勞最嚴重的後果，甚至會引發死亡，稱之為「過勞死」。

根據勞保局資料，二〇一一年有四十八人、二〇一二年有三十八人、二〇一三年有三十二人、二〇一四年有十九人、二〇一五年有二十六人……五年間共一百六十三人因過勞而去世。平均每十一天就有一人過勞死。這五年間，申報過勞的案件共三百九十八例，包含剛剛提到的一百六十三人死亡，另還有一百四十三人傷病，以及九十二人失能。

根據定義，過勞死指的是因過度工作勞累而致死。在認定基準上，需因工作所誘發，與工作有相當因果關係。好比說：超時工作、工時不規則、經常性出差、輪班、夜班、環境影響，或其他壓力。這些都是過勞死的判定依據。

回顧過勞死的死因，多半與心血管疾病有關，如腦內出血、中風、腦梗塞、心肌梗塞、急性心衰竭或心律不整等。事實上，我們的心血管系統非常容易受到壓力影響。長期而慢性的壓力會對心血管造成很多負面危害。高壓一族，確實需要格外小「心」。

## 壓力大，你要小「心」

健康的血管是很有彈性的，身體可以依據環境要求，在可以放鬆的時刻，血管跟著放鬆，口徑變得比較粗，血流變得比較慢。但在遇到壓力時，人體心跳會加速，血管收縮，血流變得快，血壓也會升高。

為什麼會有這樣的變化呢？舉例來說，某天你走在路上，遇到一條野狗對你狂吠，看似要攻擊你了！在眼睛看到狗，並把牠判斷為一個危險與壓力時，身體會動員起來，讓心跳變快，好讓血液可以更快速到達四肢。充足的血液和能量到達手部肌肉後，你可以選擇撿起路邊棒子嚇跑這隻狗。或是血液到達雙腳後，你也可以選擇快點跑掉好避開危險。等到確定自己安全後，血管就會再次放鬆，心跳也漸趨緩慢，象徵壓力警報解除。

在很久很久以前，體內的壓力系統其實是一個「活下去」必備的機制。若毫無壓力感知的能力，大概活沒多久小命就不保了。熊、野獸、老虎、獅子……壓力來了，身體出現壓力反應。壓力解除，身體出現放鬆反應。

不過來到二十一世紀，我們面對的壓力變了。當代人面對的壓力並不是「一下子就可以解除的」，而變得長期且慢性（好比說貸款）。這種壓力雖不像猛獸一樣有急迫危險性，但我們往往得花更久的時間去應對這種「慢性壓力」。

長期處在慢性壓力下，身體血管收縮，與許多心血管症狀有關。讓事情變得更糟的是，現在人時常三餐不正常、大魚大肉、高油高鹽，作息混亂，缺乏運動等，讓我們的血管沒有本錢「收縮」。

好比，高血脂是血管中卡了動脈粥樣硬化，可以想像成血管裡面「卡油」了。小小的血管卡了東西之後內徑變小，能通過的血液流量減少。如果再遇到高壓狀況，很可能會讓血管破裂，導致中風、心肌梗塞等狀況。

因此，除了第三部分要討論的紓壓方法之外，多多攝取保護心臟的食物也是生活中可行的策略，好比：黑巧克力（無糖）、無糖綠茶、酪梨、葡萄柚（要避免和藥物一起使用）、肉桂、蕃茄、大蒜、燕麥等。此外，肉類中的魚類也是很好的護心食物。

## 1-8 壞壓力三寶之三：讓你心累的「工作倦怠」

聽到「你累了嗎？」，讀者腦中可能會浮現某提神飲料的廣告。在職場上，除了身體累之外，另一個隱憂是「心累」。在心理學有個概念類似的詞彙，「工作倦怠」就是在描述這種狀況。

根據世界衛生組織發表的國際疾病標準手冊（ICD-11），工作倦怠指的是「長期處於工作壓力下，卻無法成功處理的一種症候群」，包含以下三項症狀：

- 覺得缺乏活力及精疲力竭
- 無法與工作產生心理連結、對工作產生負面想法或憤世嫉俗
- 工作效率、專業效能降低

研究發現，「高工時」、「高壓環境」與工作倦怠有明顯關聯。此外，工作倦怠還特別容易出現在下面幾種人身上：

- 單身者
- 責任感高
- 抗壓性高
- 期待可以掌控個人生活的一切
- 對工作期待很高者

為什麼單身的人更容易工作倦怠呢？其中一個可能的原因是：缺乏抒發對象。一般人在下班之後，都可以回家向家人或另一半大吐苦水，但是單身者可能就缺乏這種情緒的出口。

那為什麼責任感高、抗壓性高的人也容易工作倦怠呢？這其實與後面兩點「期待可以掌控生活」、「在工作有高度期待」有關。一般情況下，越努力付出，通常可以得到更多的回報。不過，**職場畢竟是和人有關的場域，有人的地方就充滿著不確定性**。這種不確定性也就表示，總會有某些我們無法控制的因素。若對工作懷抱高度期待，就容易在這種時候失望越大。

同時，研究還發現其他與工作倦怠有關的因素，像是：員工主觀覺得工作量過大、感覺對工作缺乏控制感、缺乏好的獎勵回饋（包括金錢、人際回饋）、在職場中遭遇人際互動問題、感覺被不公平對待、工作無法滿足個人內在價值追求等，都是容易讓人感到壓力，引發工作倦怠的因素。

影響工作倦怠的因素多半是主觀的。也就是說，在同一間辦公室裡，給同一位主管帶、領一樣的薪水、做一樣的事情，可能有人覺得ＯＫ，但有人待久了就會工作倦怠，背後的差異往往源於「心理層面」。這也是許多企業開始與心理師合作的原因，期望能透過心理學，更深入理解員工狀態，設計更適合每一個人的績效評比或回饋、獎勵制度。

知名期刊《刺胳針精神醫學》有篇研究提到，工作壓力與勞工在中年時期罹患常見精神疾病（例如憂鬱症或焦慮症）的風險增加有關。這看似壞消息的現象，反過來其實是一個積極的呼籲，研究者下的結論是：倘若老闆願意在職場中，試著帶入「壓力預防」的觀念給員工，安排必要減壓措施，**若能適當減輕員工的工作壓力，就能預防員工未來14%精神疾病的發作率**。好好紓壓不但可以改善身體狀況，同時還能保護我們的心理狀態呢。

在認識了壞壓力三寶後，我們要往下帶讀者認識壓力的其他觀念，包含：壓力公式、常見的壓力來源、為什麼斑馬不會得胃潰瘍（但人類會），並帶讀者整理一下自己的壓力因應策略。

Chapter 02

# 意想不到，
# 壓力原來從這裡來

## 2-1

# 壓力有公式嗎？

其實壓力這兩個字，是從物理學借來的。在國中理化課有公式：壓力＝施力除上受力面積（P＝F／A）。借用到心理學後，研究壓力的學者把心理壓力定義為：

$$\text{壓力} = \frac{\text{生活負載}}{\text{自我功能}}$$

什麼是「生活負載」？簡單來說，就是你生活中需要面對，所有會耗損你體力、腦力或心力的大小事，其實也就是之前提過的「壓力源」。

自我功能指的是一個人能否有效地面對壓力，採取有幫助的做法來應對；概念類似先前提過的「抗壓性」。

想像有個人在做重量訓練，如果他的「肌力」越強，就能扛起越重的「啞鈴」而不覺得費力。在這裡，肌力就相當於「自我功能」，而啞鈴則象徵「生活負載」。

在陪伴個案處理壓力時，我們往往是從「自我功能」這個角度下手。曾有上課學生開玩笑說，心理師，你是處理壓力的專家沒錯吧！根據你提過的定義，我想到一個可以快速減壓的方法，就是……下個月開始，你幫我繳房貸！這樣啊，我的「生活負載」就會減小，壓力自然會減少了欸！

除了打哈哈之外，我也趕緊解釋，在諮商過程，個案比較關心的多半是「生活負載」，但心理師其實更希望把重點放在提升個案的「自我功能」。為什麼呢？背後原因是，心理師如果急著幫個案解決眼前的生活負載，雖然壓力會立刻變少，但在未來漫長的人生裡，也還是會有其他新的生活負載出現，所以培養個案的自我功能，讓它壯大，才是治本之道。

## 壓力排行榜

對你來說，什麼事情讓你壓力最大？根據英國生理學會的調查，讓民眾最有壓力的事情第一名，是伴侶或親友過世、第二名是坐牢、第三名則是家裡發生火災或其他天災。第四名則是生了一場大病、第五名為被炒魷魚。分居或離婚大的壓力則是第六名。在這個資訊傳播快速的時代，個人隱私被盜也會造成很大的壓力，名列第七名。與金錢有關的議題，好比周轉不靈等則為第八名。

有趣的是，剛新到一間公司上班、籌備婚禮、生第一胎小孩則位居壓力排行第九、十、十一名。這意味著，好事也可能成為一種生活負載。好比對很多剛升官的上班族來說，確實是個不小的壓力。

舉個極端的例子來說，像中樂透這種超級大的好事，也往往讓當事人承受了巨大的壓力。很多人後來甚至慢慢出現憂鬱症、焦慮症等狀況（如果你想知道後續排行的話，十二名是上班遲到、十三名是恐怖攻擊、十四名是手機弄丟、十五名是搬家）。

另一個壓力排行榜則來自更早的研究，Holmes 和 Rahe 兩位學者分析、調查了我們一生普遍可能遭遇的大小事[5]，並為這些事情做了「壓力積分」的排行，壓力最大的項目（壓力值100）仍是配偶過世，次之是離婚（76）、分居（65）。坐牢、親人去世並列第四（63）。詳細的資料，讀者可參考下表的整理。

5 Holmes, T. H., Rahe, R. H. (1967). The Social Readjustment Rating Scale. *Journal of Psychosomatic Research*, 11. 213–218.

| | 事件 | 壓力值 | | 事件 | 壓力值 |
|---|---|---|---|---|---|
| 1 | **配偶過世** | 100 | 23 | 子女離家（結婚／入伍／上大學） | 29 |
| 2 | 離婚 | 76 | 24 | 與姻親間的衝突 | 29 |
| 3 | 分居 | 65 | 25 | 傑出的個人成就 | 28 |
| 4 | 坐牢 | 63 | 26 | 配偶／重要他人就業或離職 | 28 |
| 5 | 親人去世 | 63 | 27 | 入學或畢業 | 26 |
| 6 | 嚴重受傷或生病 | 53 | 28 | 生活環境產生重大改變（起厝／改建／鄰近環境惡化） | 24 |
| 7 | 結婚 | 50 | 29 | 個人習慣改變（穿著／舉止／社交） | 24 |
| 8 | 工作被炒魷魚 | 47 | 30 | 與上司有衝突 | 23 |
| 9 | 婚姻復和 | 45 | 31 | 工作時數／環境明顯改變 | 20 |
| 10 | 退休（非自主） | 45 | 32 | 住所改變（搬家） | 20 |
| 11 | 家庭成員健康情形改變 | 44 | 33 | 轉學 | 20 |
| 12 | 本人 / 配偶懷孕 | 40 | 34 | 休閒娛樂活動改變 | 19 |
| 13 | 性功能障礙 | 39 | 35 | 宗教活動明顯改變 | 19 |
| 14 | 家庭成員增加（出生／領養／老人遷入） | 39 | 36 | 社交活動改變（加入或離開社交 / 服務團體） | 18 |
| 15 | 工作重新適應（公司合併／重組／破產） | 39 | 37 | 貸款進行高額消費 | 17 |
| 16 | 經濟狀況改變（較往常變糟或好） | 38 | 38 | 睡眠習慣改變（明顯增加／減少睡眠時數或時段改變） | 16 |
| 17 | 好友去世 | 37 | 39 | 家庭聚會次數改變 | 15 |
| 18 | 換工作或轉業 | 36 | 40 | 飲食習慣改變（大量或減少進食／用餐時間或環境改變） | 15 |
| 19 | 和配偶關係改變（爭吵增加／停止） | 35 | 41 | 休假 | 13 |
| 20 | 簽訂重要財務契約（房屋抵押、商業／購物貸款） | 31 | 42 | 過聖誕節 | 12 |
| 21 | 喪失抵押權或貸款 | 30 | 43 | 較輕微的觸法（交通違規、妨礙安寧或秩序） | 11 |
| 22 | 工作重大改變（升遷／調職） | 29 | | | |

當初 Holmes 和 Rahe 設計這份數據，是為了評估一個人在最近生病的機率。讀者如果還有印象，先前提到壓力會影響我們的免疫功能，進而增加生病的機率。

如果你想試試看的話，可以瀏覽一下這四十三件事情，檢查一下過去一年中，是否曾發生這些狀況，如果有的話，發生了幾次？接著，把「發生的次數」（次數最多就是「四次」）乘上「壓力值」，最後把所有數字加起來，參考下面對照：

- **總分低於一百四十九分：**生病風險一般，大約有30%的機率罹患身心疾病。
- **總分在一百五十到二百九十九分之間：**生病風險中等，大約有50%的機率罹患身心疾病。
- **總分超過三百分以上：**生病風險較高，大約有80%的機率罹患身心疾病。

不過，因為這個研究的歷史有點悠久，這邊分析的結果僅供參考。畢竟，現代人生活的壓力源與以前相比不但更多，而且更複雜！

介紹了帶給我們壓力的「源頭」（壓力源、生活負載）後，我們接下來要討論一個與壓力很有關的問題：為什麼斑馬不會得胃潰瘍？

# 2-2 人類的一生：戰鬥、逃跑、裝死吧！

**故事名稱：斑馬的一生**

很久很久以前，有一隻天真善良的斑馬。某個晴天，太陽剛剛升起不久，牠睡飽了，看到眼前許多新鮮的草，牠吃了起來。此刻，牠的生存本能獲得滿足，所以牠非常的快樂。

好景不常，在牠快樂吃草的同時，背後傳來的躂、躂、躂的跑步聲，原來是一隻獅子！在斑馬看到獅子的同時，牠的身體出現了非常多變化。

首先，牠的眼睛看到了獅子，並且發現那是一個很危險的東西。牠大腦裡面的警鈴大響，告訴牠：「這是一個非常危險的東西！」於是，斑馬的身體開始動員，牠的本能行動很快就開始了——快跑！

跑、跑、跑，跑到了一個總算安全的地方之後，已經甩掉了獅子。斑馬心想，太好了。現在要做什麼呢？

不知道你想的答案跟斑馬一不一樣，答案是：「吃草」。在壓力解除之後，斑馬的身體很快地恢復，變得平靜、放鬆。牠回到本來的日子，開心地吃草。此後，過著幸福快樂的一生。（全劇終）

斑馬的一生，不外乎就這幾件事：吃草、被追、睡覺、上廁所、生小孩……沒了。晚點，你讀到「人類的一生」之後，也許會有點羨慕，牠們的一生這麼單純。

在斑馬的故事裡，壓力很像是斑馬體內的「紅綠燈」。在遇到重大威脅和危機時，紅燈會開始閃爍，警鈴大響，提醒著斑馬：現在有危險囉，快點去處理！

在遇到壓力時，我們的身體會自發地採取三種行動。在斑馬的故事裡，因為獅子實在是個太巨大的壓力，斑馬知道自己無法硬碰硬，所以選擇了其中一個行動：「逃跑」。如果能成功地逃跑，那至少命就保住了。那還有兩個行動是什麼呢？我們用原始人的生活來想像一下。

很久以前，那個我們都還是原始人的時代。走在路上遇到熊也是合情合理的。在遠古時代，遇到熊也是一個壓力。遇到熊時，你會怎麼做呢？

除了剛剛提到的逃跑之外，「裝死」不失為一個對策，比較正式的說法叫做「暈厥」反應，看起來真的跟裝死很像。在我們暈倒時，很多視力沒這麼好的狩獵生物，反而真的看不到我們。因此，我們的命就保住了。

偶爾，我們遇到的熊沒這麼大隻，除了逃跑和暈厥之外，我們還能採取另一個行動，進入「戰鬥模式」。如果成功把小熊殺死了，我們的命不但保住，還得到了一頓大餐。在很久很久以前，肉類可是非常珍貴，而且可以提供很多熱量的食物。

整理一下，遇到壓力時我們的三種本能反應：戰鬥、逃跑、暈厥。雖然動作不太一樣，但這三個反應的本質卻是類似的：希望我們可以即時做些什麼，好把命保住。所以說，**老天爺在人體內安排的壓力系統，其實是一種保護機制**。

介紹完斑馬的故事，接著我們來聽聽小明的故事。透過這兩個故事的對比，相信大家會更清楚人類的壓力是怎麼一回事。

**故事名稱：小明的一生**

今天小明一如往常，準時到公司打卡上班。最近案子進展不順，他正坐在辦公桌電腦前苦思其他突破業績的對策。上班到一半，老闆突然晃了進來。而且，一進來沒多久，就開始來罵人。小明呆坐在位子上，完全不知道自己做錯了什麼，只知道老闆現在非常生氣。他什麼話都不能回，因為老闆好像機關槍一樣，沒打算讓大家回話，不只小明，整間辦公室的人都只能乖乖被老闆罵。

對小明的大腦來說，老闆的憤怒是一種威脅。大腦將它解讀為壓力，此刻的大腦想要發揮它遇到壓力的本能……

**本能一** 戰鬥模式。很抱歉，小明現在不能戰鬥，如果跟老闆打起來，他的工作不但沒了，可能還會上法院。

**本能二** 逃跑模式。很抱歉，小明現在不能逃跑，老闆還在罵人，如果跑掉的話，想必只會被罵的更慘。

**本能三**　暈厥模式。很抱歉，小明現在不能裝死，在老闆罵人的時候趴下來睡覺，後果可能更不堪設想。

真是太尷尬了，在現代人面對壓力的時刻，我們身體處理壓力的三種本能，沒有一個可以派上用場。

**人類面對壓力的本能，在二十一世紀很難派上用場**，這是一個難過的結論。同時，更難過的故事還沒結束。

老闆罵完人之後，心情好多了，腳步輕盈地離開了辦公室。

小明現在又恢復到一開始上班的工作狀態。他現在應該幹嘛呢？照理說，最政治正確的回答是：「繼續上班」。不過，我想請大家回想一下自己的經驗，通常在遇到類似事情之後，我們其實很難立刻回到工作模式。

我們在幹嘛呢？比較可能是，手一邊摸著鍵盤，一邊在心裡罵髒話。「老闆到底是有什麼問題？他有病嗎？為什麼這樣罵我？我到底做錯了什麼」像是這樣，我們會在心中提出這些問題。

某種程度來說，剛剛罵完人的老闆，他的「肉體」已經離開了辦公室。但對小明來說，老闆其實沒有離開。老闆的「靈魂」其實緊緊跟著小明。至少，對小明的大腦來說是這樣。

有很多上班族，下班之後其實根本沒有下班。因為他的大腦，還一直停留在上班模式。小明下班回到房間之後，他覺得很不爽，想到今天被老闆罵，越想越氣。在小明準備睡覺的時候，眼睛閉上，他又想到了老闆，越想越氣，於是今晚可能又睡不好了。

對比剛剛斑馬的故事，在斑馬回到安全狀態後，因為斑馬的大腦並沒有人類這麼會記東西，牠很快地就放鬆了，恢復到吃草模式，覺得快樂。

但當小明回到安全狀態時，小明並沒有辦法很快地放鬆。因為小明和所有人類一樣，有著一顆非常聰明、擅長記憶的大腦，這個大腦不斷地幫他複習今天被罵的整個經過。

在壓力心理學，有本非常著名的書《為什麼斑馬不會得胃潰瘍》[6]，就是在討

---

6 《為什麼斑馬不會得胃潰瘍？：壓力、壓力相關疾病及因應之最新守則》（*Why zebras don't get ulcers: an updated guide to stress, stress-related diseases, and coping*），羅伯特·薩波斯基著，潘震澤譯，遠流出版，2001。

論這樣的現象。

回到安全模式的斑馬，快樂吃草，身體此刻沒有任何壓力反應。可是人類，即便危機解除，回到安全模式，我們的「大腦」仍會不斷提醒我們剛剛發生的壞事。大腦這種貼心的功能，正是讓人類壓力變得更大的原因。

## 大腦非常擅長虛擬實境

今天早上被老闆責備，這是一個「外在事件」。大腦特別喜歡把「負面」的外在事件記得一清二楚。對大腦來說，把這種危險記清楚，就能從中記取教訓，避免未來發生同樣狀況。

兩天後，你在樓下便利商店看到老闆。說也奇怪，你的大腦立刻想起兩天前被罵的畫面。你開始覺得不舒服，有點害怕。雖然你知道，被罵是之前的事了，但對大腦來說，「回想起被罵的經過」本身，就會帶來很真實的壓力反應。

現在科技中，有一種叫做虛擬實境（VR）的技術。帶上特定的眼罩，我們可以來到一個很真實的虛擬世界，在裡面盡情探索。不過，其實人類身上就有一個最厲害的虛擬實景裝置——大腦。

在閱讀這段文字時一邊回想……今天早餐吃什麼？在那邊吃？和誰一起吃？

下班之後，你把鑰匙插到門孔上，把門打開後，會看到什麼畫面？你把鑰匙放在哪邊？把鞋子放在哪邊？

在剛剛看到這些問題時，你的腦中可能就會有一些畫面浮現出來，這就是大腦在進行虛擬實境。

人類大腦的想像、模擬功能，是我們之所以能成為萬物之靈很重要的原因。我們可以藉此鑑往知來、未雨綢繆。可是，這種功能也有它不利的一面：**當大腦不斷提醒、複習某些負面事件時，我們也會因此感受到真實的壓力。就算只是想像的，也會帶給身體壓力**。

朋友曾開玩笑說，台北車站旁邊那間麥當勞，他再也不會去了！怎麼了呢，因為他跟他初戀女友就是在那分手的。儘管，分手已經是五年前的事了，但每次到附近，他都還是會有一種心酸的感覺。這種感覺非常的真實，並非「過去」就「沒感覺了」。

許多人不解，大腦只是回想過去發生的事，真的會在「現在」帶來真實的感受和影響嗎？

想想你之前看的恐怖片。對大腦來說，鬼片裡面的鬼都是假的，但是進入大腦之後，即便我們理智知道「鬼不存在」，但我們心跳還是會變得很快。就算我們此刻明明是坐在冷氣很舒服的電影院中。這是一種大腦分不清楚「想像」和「真實」，都會很認真應對、做反應的一個例子。

再舉個例子，望梅止渴。雖然我們並沒有真的吃到梅子，但是透過在腦中想像吃梅子的過程，我們的身體就會真的出現一些反應。不信的話可以往下讀讀下面的引導，觀察一下身體的變化：

**模擬吃甜點**

回想一下你最近吃的美食或甜點，可以是蛋糕、檸檬塔，或者其他小點心。在你心中稍微回憶一下，這個點心是誰買的？買來的時候，它看起來怎麼樣？當你打開它，第一眼看到的是什麼？它聞起來有什麼味道？

繼續回想一下，你拿起湯匙、或者用手小心拿著，把一口點心放在你的嘴巴裡面。試著回憶一下，那個點心吃起來的感覺怎樣、口感如何？它是軟的、硬的？酸的、甜的？稍微認真地回憶一下當初吃那個點心的整個過程，一邊觀察一下，此刻你的口水有沒有跟著分泌起來？

接下來，在你的腦中，放下剛剛模擬品嚐的點心。再幫我回想一下，你最近最討厭的一個人。回想一下，他到底做了什麼事情讓你不高興，回想一下他的臉、他當時說話的模樣。

接著，在腦海中邀請討厭鬼坐在剛才的點心的旁邊。請他朝著點心，吐幾口口水在上面。然後，請你試著感覺他此刻正拿著湯匙，攪動你吃到一半的點心，他的口水慢慢地和點心完全混在一起了。他挖起了一口混著他口水的點心，要請你把它吞下去……

相信讀到這邊，你多少會出現不舒服的感覺。在過程中，你可能早已眉頭深鎖，有些生氣，心想「幹嘛叫我想像這些？」

不過，不知讀者有沒有發現，從頭到尾，點心都是不存在的，那個討厭鬼也是。他們在此刻都不存在。可是，剛剛那些不舒服的感覺，卻都是存在的。

對大腦來說，不管壓力是此刻真實在發生，或就只是在腦海中回想，過去的傷心事、未來的煩惱事，在想這些事情的同時，我們的身體都會出現壓力反應。

這也是為什麼諮商可以幫助我們的原因。很多人很難理解，那些事情明明早就過去了，為什麼在諮商室裡還要再提？為什麼有些人在諮商時會因為往事哭泣，那些事情不是都過去了嗎？

如果你已經知道了大腦的虛擬實境功能，大概就知道為什麼了。在諮商室這個安全的環境下，心理師會陪伴個案，重新在大腦中「走過某些以前沒走完的歷程」。而在回憶過往的同時，我們的身體其實也會有感覺。就像是，雖然有人的爸媽去世很久了，但我們多年後想起父母，也都還是會有些感傷是一樣的。

很多「心傷」在當時其實沒有完全處理好，這些傷就像「瘀血」一樣，默默存在那邊，偶爾我們碰到傷口時，還是會隱隱作痛。而諮商就像是個處理瘀血的過程，雖然瘀血這個傷口是好久之前造成的，但現在碰到也還是會痛。

# 2-3 這個壓力是眞的，還是想出來的？

對斑馬來說，此刻正被獅子追，這是真的危機與壓力。不過，在甩掉獅子後，壓力解除了，牠能快速恢復休息模式。

兩個禮拜後，斑馬在草原上遇到同一隻獅子，牠可能認不出「那隻」獅子，更不會心想「啊！這就是兩週前追我的那一隻獅子，我恨你！」

但人類就不一樣了。在被老闆罵完後，大腦會持續提醒我們這件事。相比之下，「被獅子追」危險多了，「被老闆罵」還不至於讓我們有生命危險，但人類大腦其實無法「分辨」這兩件事的差別（有科學家認為人類目前的大腦，其實和原始人的大腦沒有太大差異），對大腦來說，這兩件事都很危險，它會一視同仁，用同樣的方式來處理。

## 好事不沾鍋、壞事魔鬼氈

走在路上遇到老闆，你的大腦會想起什麼呢？是你們相處融洽的記憶，還是他之前把你罵個狗血淋頭的畫面？

大腦天生有種「負面偏誤」（negativity bias），特別容易關注、記得負面的事件。有專家形容大腦是「好事不沾鍋」，意思是說生活中遇到的好事，碰到大腦時就像不沾鍋上的肉一樣，很快就滑掉了。壞事則像是「魔鬼氈」一樣，需要用很大的力氣才撕得開。

你有沒有恨過一個人呢？也許未必到恨，但討厭一個人是我們多少有的經驗。恨一個人可以恨多久呢？有人笑笑地說，一輩子。這就是人類和動物的大腦差別，多虧大腦的持續提醒，我們會把負面東西記得牢牢的，然後輕鬆地把好事忘光光。

## 下起大雨的三點鐘

因為大腦的特性，人類遇到的壓力可以粗分成兩大類，第一種是「當下的壓力」，比方說你現在正準備要報告了，覺得很緊張。第二種壓力是「大腦貼心幫你模擬的壓力」，好比現在是報告前兩天，你一直在擔心兩天後的報告會出問題，因而覺得坐立難安。把這兩種壓力做區分是很重要的。

某次幫一群主管上課，當天課程表定四點結束。三點多是下課時間，外頭突然響起大雷，沒多久後開始飆大雨，真的很大的豪雨，教室瞬間被籠罩在雨聲雷聲中。我往學生那頭一看，發現好多人「變臉」了。

為什麼我們變臉了？可能因為當天早上，天氣超好，沒想到下午會飆大雨。但另一種更可能的原因是，這些學員此刻已經處在第二種壓力裡了。

怎麼說呢？其實現在才三點，還沒到下課的四點。「當下的壓力」會發生的時間，應該是三點五十九分會發生的，如果四點還在下雨，我們要面對真實的壓力，你可能心想，「好吧……我沒帶傘，不想被雨淋，怎麼辦？等等去樓下便利商店買傘好了，還是叫我先生來載呢？」

不過，重點在於，此刻其實還沒四點。三點就開始「提早進入壓力狀態」的學員，很快就陷入一個「其實還沒到來」的壓力裡。

個案：「難道防患未然不好嗎？」

心理師：「未雨綢繆當然很好，不過，比較尷尬的是，我們大腦不是那麼知道如何拿捏一個適當的程度。」

個案：「程度？」

心理師：「像剛剛那個例子，適度擔心是很好的。不過我發現，很多三點就開始憂心的學員，其實後來都沒辦法專心上課了。他們『困在』腦中的擔心裡了。有人開始用手機聯絡家人。雖然真正的壓力是一個小時之後，但他們從現在開始就『心不在焉』了。」

焉，指的是「這裡」，心不在這裡。因為一個還沒到來的壓力，讓這些人無法好好做現在該做的事。

腦中不斷離開現在，往過去、往未來跑而引發的壓力，許多時候其實是有點不划算的。好比，這個例子後來大概三點半，雨就停了。但那些花了半小時憂心的學員，也已經浪費了半個小時的生命。

有一本書名叫《你所煩惱的事，有九成都不會發生》[7]，這個書名或許是這種現象很好的提醒。「時到時擔當」[8]，四點如果還在下雨，那我們就來面對它。**現在是三點五分，我們就好好面對三點五分要面對的事情就好。**

---

7 《你所煩惱的事，有九成都不會發生》（心配事の9割は起こらない：減らす、手放す、忘れる「禅の教え」），枡野俊明著，王蘊潔譯，春天出版，2016。

8 「時到時擔當，無米才煮番薯湯」（閩南語），比喻到時再說，隨機應變。

# 2-4 你都如何處理你的壓力：NG篇

每個人都有自己的紓壓秘訣，有的秘訣對A有用，但不見得對B有用。因此，和別人交流、聽聽更多紓壓秘方是很有幫助的。因為，我們常用的紓壓方法可能就那幾個。有時，自己很認真地用、用久習慣了，卻沒發現這種紓壓法可能不見得那麼適合自己。

在接著討論紓壓好方法之前，我想先分享幾個我在上課時最常聽學員提到的例子，一起來看看心理師會如何分析這些紓壓法有沒有幫助。

## 你的紓壓效果可以維持多久？

心理師：「你平常都怎麼紓壓的呢？」

個案：「就下班去吃個過癮啊。」

心理師：「嗯嗯，還有嗎？」

個案：「買東西也很紓壓。」

心理師：「那回到家之後呢，有沒有做些什麼讓自己紓壓？」

個案：「有啊，滑手機、追劇、玩遊戲。」

心理師：「這些方法效果怎麼樣？」

個案：「很好啊，不然我怎麼會一直做？」

心理師：「那我們來想一下另一個容易忽略的問題，這些方法效果可以維持多久？」

個案：「嗯……」

在現代生活中，最常聽到的紓壓方法不外乎是買東西、大吃大喝。在手機、網路興起的年代，滑手機、追劇、玩手遊也常被提到。這些方法能有效紓壓嗎？不少人認為是有的。不過，在往下介紹「有效紓壓法」之前，我要先帶領讀者來思考：什麼叫有效？

要了解紓壓方式是否有效，可以透過兩個角度來思考：「當下的效果」與「長期的效果」。如果用〇到一百分來替紓壓方式打分數（分數越高表示它越有效，越低表示沒效）。你會幫以下紓壓方式打幾分呢？下面整理了一些常被提到的紓壓方法，有幾個格子是空白的，你可以寫上你自己常用的紓壓方法，一起來試著評估看看這些方法對你來說是否有效吧！

| 紓壓方式 | 進行當下的分數（完全無效 0 ～ 100 非常有效） | 七天之後的分數（完全無效 0 ～ 100 非常有效） |
|---|---|---|
| 滑手機 | | |
| 大吃大喝 | | |
| 買東西 | | |
| 運動 | | |
| 充足睡眠 | | |
| 遷怒他人 | | |
| 正向思考 | | |
| 旅遊 | | |
| 健身 | | |
| 抽煙喝酒 | | |
| | | |
| | | |
| | | |

剛剛提到的購物、吃東西、滑手機，都是「進行當下」非常愉快的事，所以當下的分數應該很高。不過，七天之後呢？想起信用卡帳單到來的那一刻、站上體重計的那一刻、熬夜隔天起床的那一刻，七天後的效果可能就很差了。

在評估紓壓效果時，「短期」與「長期」都很重要。很多紓壓行為在當下很舒服，但長期而言反而會帶來更多「壓力」。好比滑手機，雖然滑手機的當下很舒服，腦袋放空、輕輕鬆鬆。不過，長期使用手機的下場其實並不妙。特別是「低頭族」盛行之後，身體在滑手機時並不舒服，反而壓力很大。很多人用手機用到眼睛、脖子出問題。玩完遊戲、追完劇後，等著我們的通常不是「滿足感」，而是空虛。

像是這樣，**許多我們以為可以「紓壓」的事，其實反而是「加壓」的事**。即便如此，這個現象並不是大家都有留意到。我們的大腦比較容易把「靠近的事情」記起來。在大吃大喝時很快樂，但站上體重計時很痛苦。因為「大吃大喝」和「快樂」之間比較靠近、「大吃大喝」和「痛苦（體重計）」之間距離比較遠，所以大腦在下次遇到壓力時，還是傾向於選擇用大吃大喝來紓壓。

透過長、短期效果的比較，讀者們可以重新檢視一下自己平常採用的紓壓策略是否真的有效。

值得一提的是，有些紓壓方法「短期效果」並不高，但「長期效果」卻非常高，這種是我暱稱「紓壓法績優股」的活動。好比，運動就是一個短期未必紓壓（對很多人來說甚至有點「加壓」），但長期來說卻是非常好的紓壓方法呢！還有哪些紓壓的績優股呢？在下一部分會詳細介紹。

很多人看到這開始擔心，那我以後豈不是不能盡情吃大餐、喝飲料、買東西、滑手機了？當然不是，但過猶不及。我自己本身也很享受這些活動。重點就在於，你有沒有「黏著」，台語說的「tiâu-tiòh」。

什麼是「黏著」？評估方式很簡單，如果不能用這些方法紓壓時，你會覺得很不舒服嗎？好比，有人手機玩到「成癮」，沒有手機、網路時，就渾身不對勁。有人買東西買到「家人想要剁他手指」，因為買東西的癮頭太強烈了，讓他連判斷錢夠不夠付的理智都沒有了，這種情況就要特別注意了。

從「紓壓」變「成癮」的狀況，可能就需要找位心理師陪你探索壓力根源，帶著你直視它，進而找到解決的方法，往往更能有效改善這些「癮頭」。如果，你沒有到這種像是成癮的狀況，一般來說，偶爾吃吃喝喝、滑手機、看影片哈哈大笑，一樣是很好的紓壓方式喔！

## 遷怒有效嗎？你需要更健康地釋放能量

很多人對自己的情緒與壓力是沒有感覺的。他們時常大力拍著桌子說：「哪有啊，我哪有在生氣！？」這些人下班回家後，時常會（不小心）把他們沒有覺察到的憤怒或壓力轉移到其他對象上。最常見的就是把氣出在家人身上，對晚餐嫌東嫌西、覺得電視難看、政客荒謬而破口大罵等。

在心理學中有個效應稱為「踢貓效應」。有天，某個父親在公司受到老闆批評，很是憤怒。回到家後，就把在沙發上跳來跳去的孩子臭罵了一頓。孩子心裡也不高興，於是就故意踢了正在身邊打滾的貓一腳。踢貓效應傳神地展現出這種「壞情緒的傳染」現象。

替情緒找出口不是不行，但什麼出口比較有幫助，倒是值得思考的。遷怒家人或將負能量大釋放，最大的風險是，我們丟出去的負能量很快就會逆襲回來。

如果情緒沒有出口，心理學中有些作法頗值得讀者參考。辯證行為治療中有一類技巧稱為「痛苦耐受」，可以幫助我們在強烈情緒時，透過一些方法來宣洩能量，又不會傷害自己或影響別人。以下幾個方法讀者可以試試：

**讓情緒能量釋放的好方法**

- 準備一個「變形球」放在辦公室，在覺得不高興的時候，捏捏它。
- 準備整人的酸酸糖，強烈的味覺刺激會帶給我們不一樣的感受。
- 短時間的激烈運動，好比快速地爬大約四、五層樓的樓梯。
- 在冷凍庫預留一些大塊的冰塊，到安全的地方把它摔破；或者，單純握著冰塊本身也具有舒緩痛苦的效果。
- 到路上那種隔音很好的小 KTV 空間大唱一曲（真的很有效，特別是要飆高音的歌）。

同時，在你理智線快斷掉時，還有個壓箱寶方法，常見於電影、影集裡。為什麼主角們快氣爆時，都會氣沖沖的跑去洗手間，用水潑潑自己的臉，或是把臉泡在水裡？

當我們潑自己冷水、把自己整個臉放到水中閉氣一陣子（冰水更有效）時，這個過程會引發身體的「潛水反射」。多數哺乳類動物都具備這種本能。當我們身體覺得自己掉到水中時，生理會自動開啟一些反應，比方說：心跳減緩、血管變化，引發血液重新分配到更需要氧氣的器官，如大腦與心臟。在此過程也會因為這些生理變化，間接舒緩我們本來很強烈的情緒。

## 正向思考能紓壓，但不適合所有人

面對壓力時，我們也時常被其他人提醒要「正向思考」。這有用嗎？答案是：看人。整體來說，有三分之一的人天生就比較樂觀，另外三分之一稍微悲觀點，最後的三分之一樂觀悲觀一半一半。

對天生樂觀的人來說，正向思考很簡單，很容易做到，通常也能帶來明顯的情緒改變。被老闆罵完後，他們可以立刻跳脫剛剛被罵的情境，心裡本來想著「老闆是不是不喜歡我」，很快變成「老闆會這樣子對待我，應該是因為他很愛我」。

同樣的想法轉變，對天生悲觀的人來說則看起來很不舒服。因此，逼自己正向思考，對悲觀的人來說很可能反而是另外一種壓力。當外人一直叫他們正向思考時，他們的腦袋裡時常開起辯論大賽。正方：「老闆愛你」，反方：「老闆恨你」，在正反兩方之間辯論時，自己反而更痛苦。

在我第一本書《練習不壓抑》[9]裡，正向思考被我視為一種壓抑行為——一個人嘗試用「正向思考」來壓抑掉負面思考。整體來說，這種作法是行不通的。實驗顯示，那些我們努力想要壓抑的想法，反而會更用力的出現。不信的話，從現在開始的一分鐘，你千萬不要去想一隻「粉紅色的大象」，看看你能否做到。

因此，**如果你曾努力嘗試，讓自己想法正向一點，但發現沒有什麼用，甚至讓你的心情變更糟、大腦更亂，這可能就不見得適合你**。在「紓壓篇」我們將教讀者一個更有用的「放下方法」。

## 客製化你的紓壓方法

透過這幾個例子，我想提醒讀者，並不是每個紓壓方法都適合所有人。正向思考對某些人有用，對其他人則否。又好比「出國旅遊」，似乎對大家來說都很抒壓。但我也曾聽個案分享，他到陌生的地方反而無法安心，甚至變得更緊張、更焦慮。

因此，就算是同一個紓壓方法，裡頭的細節也是需要量身打造的，好讓這個方法更適合自己。以出國旅遊來說，你適合自由行，還是跟團呢？你適合去熱一點

9 《練習不壓抑》，蘇益賢著，時報出版，2018。

的、還是冷一點的地方？你喜歡歷史古蹟，還是自然風景呢？

每個人需要的紓壓方法都不同。所以，把它找出來，其實是需要我們思考、規劃，需要花時間做實驗的。別因為一、兩次的嘗試感覺不好，就貿然放棄它。旅遊未必不適合你，但如何找到最適合自己的旅遊方式，才是紓壓的關鍵。

接著要與讀者分享的是本書的重頭戲，研究發現某些放鬆方法非常有效，而且這些方法不需要花錢，只需要花點時間進行。當然，在嘗試我分享的這些紓壓方式時，記得剛剛所說的：**為自己量身打造、微調裡面的細節**。培養做實驗的態度，給這些方法多點機會，嘗試、微調、再嘗試。也許某些細節微調之後，就能變成你工作、生活裡的紓壓妙方。

Chapter 03

# 心理師不藏私的紓壓撇步

心理師：「這週也很忙吧！」
個案：「對啊，好累。」
心理師：「不過，不管怎樣，其實還是得花點時間幫自己紓壓一下。」
個案：「我也很想啊，但真的沒時間。」
心理師：「這樣好了，我們來看看『時間』的意思是什麼。你今天早上有刷牙嗎？」
個案：「有啊，不刷會蛀牙捏。」
心理師：「那你昨晚睡前有洗澡嗎？」
個案：「當然也有啊，不洗謀偉星（不衛生）。」
心理師：「那刷牙、洗澡要花時間嗎？」
個案：「要啊！」
心理師：「那時間是怎麼擠出來的呢？」

工作、生活真是太忙了，許多人無暇關心自己的身心狀態，大概也沒想過把紓壓當作一件重要的事。不管是上課，還是在跟個案做諮商，我時常把紓壓比喻為一種「投資」。

投資的意思是，在當下你會有些小小犧牲。也許，你得犧牲一點本來用來耍廢的時間，將這些時間用在有效的紓壓行為上。而這種小小犧牲放長遠來看，卻會對自己很有幫助。**把一些時間留給紓壓行動，將是一個「穩賺不賠」的投資。**

就像刷牙、洗澡一樣，當一件事情變成習慣之後，我們久了之後就能享受這個投資帶來的好處——即便刷牙、洗澡必須花時間，在這段時間你不能做其他更有趣的事；紓壓也是同樣的道理。

臨床實務中，「紓壓」其實是一門學問，也就是說，有一群專家專門在研究紓壓這件事。在這部分，我將不藏私地，分享目前科學研究中普遍認為有效的紓壓策略。某些方式看似樸實無華且枯燥，但卻非常有用，值得大家一試喔！

# 3-1 好好呼吸，就能好好減壓

呼吸是紓壓的基本功，因為透過呼吸，我們可以間接地調整全身狀態。儘管我們無法直接控制心跳、血壓。但呼吸，這個位於「可控制」又「不能控制」之間的歷程，卻能間接地協助我們讓身體放鬆下來。

好的呼吸方式，可以帶來紓緩、放鬆的效果。不好的呼吸方式，會讓身體循環變差，讓人無精打采，無法好好做事，反而會帶來更多壓力。因此，「呼吸」其實是個很值得每天花點時間練習的基本功。從出生到死亡，呼吸就和心跳一樣，始終不曾停過。也就是說，若能提升呼吸品質，對身體健康帶來的好處勢必非常明顯。

## 為什麼瑜伽、氣功、太極，都包含呼吸練習？

請你現在大概用三十秒的時間，試著觀察一下呼吸。

有趣了，大多數人在聽到「觀察自己的呼吸」時，就會開始「控制它」。對，我就是在說你。

現在呢，放輕鬆，讓呼吸是呼吸，用本來的樣子呼吸。如果你坐著，把一隻手放在胸前，另一隻手輕輕地靠在肚子上，觀察自己平常呼吸的樣子。

目前的呼吸過程中，你的哪隻手比較有感覺？是靠近胸口這隻，還是腹部這隻？

呼吸改變了，我們的身體就會間接產生變化。從血壓、循環系統，乃至於消化、免疫系統。為了讓身體更容易放鬆，接下來要教大家用腹部呼吸的「腹式呼吸」技巧。

之前提過，壓力大時，我們的心跳加速、血壓變高、血流變快，同時我們的呼吸也會開始急促起來（想像一個人剛被兇猛野狗追了十分鐘的狀態）。按照此邏輯，只要我們能逆向操作，有意識的把呼吸放慢、變深一點，身體就能逐漸進入放鬆。

一般來說，我們的呼吸其實都太短淺了，氧氣只能到達肺部的一小部分，大概只到一個馬克杯的份量。身體可以盛載的空氣量其實比這大得多！同時，在吐氣時，如果能將吐氣變得深、長、慢一點，身體中的二氧化碳也比較能完全排出。

急促的呼吸，不但是壓力的結果，也可以是壓力生成的原因。這也是為什麼很多調養身心的技術，好比瑜伽、氣功、太極等，都把呼吸調整納入練習的原因。

## 胸式呼吸 vs. 腹式呼吸

胸式呼吸指的是多數人一般的呼吸狀態，這種呼吸比較短淺，氣體交換效率也比較差。理論上，在我們壓力大時，更需要充足氣體交換來獲得能量。但在我們壓力大時，呼吸反而變得更短淺。

腹式呼吸則是另一種比較刻意的呼吸方式，這種呼吸是比較長、比較深、比較慢的，通常我們會形容這種呼吸是在肚子（丹田的位置）放了一顆氣球。吸氣時，把這顆氣球緩緩的充滿；吐氣時，慢慢將氣球的空氣洩光。

與胸式呼吸相比，腹式呼吸主要讓身體有明顯起伏的地方是肚子；而胸式呼吸最明顯的移動區域則是胸口與肩膀。因此，腹式呼吸又稱為橫隔膜呼吸。

### 胸式與腹式呼吸的主要差異

| 胸式呼吸 | 腹式呼吸（橫隔膜呼吸） |
| --- | --- |
| 吸氣時「胸腔」會上下起伏 | 吸氣時腹部凸起，吐氣時腹部自然凹下。 |
| 空氣大多進入肺臟的「上半部」 | 橫膈膜下壓，使胸腔範圍變大，空氣可以進入「肺部深處」。 |
| 呼吸較淺薄 | 呼吸較深層 |
| 僅用到約三分之一的肺部 | 用到大量的肺部空間 |
| 可以幫助快速換氣 | 可以幫助調節身心狀態 |
| 劇烈運動時最明顯 | 放鬆狀態時最明顯，如睡覺時。 |

事實上，對多數人來說，「留意呼吸這件事情」本身就具有紓壓效果。曾有研究發現，刻意將吐氣速度放慢，能刺激我們的「副交感神經」；先前提到，這是我們體內的「煞車」，可以使我們把身體激躁的狀態慢慢平復。

具體來說要如何進行腹式呼吸呢？跟著下面的引導試試看。

## 腹式呼吸法

1 找到一個適合練習的地方，舒服地坐下來，慢慢閉上眼睛。

2 先別「控制」呼吸，讓呼吸保持本來的樣子。觀察一下你的呼吸。

3 溫柔地將你的一隻手放在肚子這邊，透過這隻手來關注你的身體，觀察身體在呼吸時腹部的變化。

4 想像肚子裡面裝了一顆「氣球」。在下一次吐氣時，試著多吐出一點空氣。一邊觀察你的肚子微微地下降。

5 在氣吐得差不多時，不須刻意、放鬆而自然地把氣慢慢地從鼻子吸入，想像要把空氣深深地吸到肚子裡的氣球。一邊觀察，在吸氣時，肚子的氣球是如何慢慢地脹起來。

6 吐氣慢慢吐，吸氣放輕鬆……重複這樣的過程，一邊觀察你的胸口與肩膀，理論上不會有巨大的起伏；如果不是的話，可能就是胸式呼吸了。

7 嘴巴慢慢吐，鼻子放鬆吸……為了讓吐氣變得慢一點，你也可以試著把嘴巴噘成一個小小的「吸管」，在吐氣時，透過這個小孔，慢慢地把氣吐出去。

當我們還是小嬰兒的時候，我們其實都曾經是腹式呼吸的完美示範者。其實，不只是嬰兒，多數成人在熟睡時，因為處在放鬆狀態，這時的呼吸也是放鬆的腹式呼吸。可以觀察一下你的床伴在熟睡時，肚子自然的起伏，作為參考。

在一開始進行腹式呼吸法時，不妨考慮「躺著」練習。在我們平躺時，更容易感受到腹部的起伏。如果不太確定「腹部」確切的位置，可以試著假裝咳嗽，一邊把手輕放在肚子上，咳嗽時肚子凹進去的地方，就是腹式呼吸時肚子起伏最明顯的地方。在躺著時，也可以找幾本重一點的書，在練習時放在肚子上，如果過程有感覺肚子有明顯的壓力，就表示目前呼吸的地方比較偏腹部。

何時可以練習腹式呼吸呢？答案是「隨時」。

不管是準備入睡前，用腹式呼吸來幫助自己放鬆；或者是在大考試、大型會議上台前，用它來舒緩緊張的情緒，當你需要替緊湊的生活按下「暫停鍵」時，腹式呼吸都將是你很好的選擇。

對任何放鬆技巧來說，練習都是重要的。越常練習，你對於它的技巧就越熟悉，未來緊急時刻就更能把它拿來用。

因此，只要有點時間，三分鐘、一分鐘，又或者是十秒鐘都好，不管你現在在搭電梯、走路、在辦公桌前打字，任何地點都可以「記得」腹式呼吸一下。

根據研究，腹式呼吸法這個簡單的方法，就能有效改善失眠困擾、調節情緒。倘若在練習一段時間之後仍覺得無效，別急著認為「這個工具沒有用」。與個案工作的經驗告訴我們，這項技巧幾乎對多數人都有用，若你沒有感覺，很可能是因為背後有些因素影響了練習效果，如時間不足、過程沒有掌握到正確方法等。這時，不妨找專業的醫師、心理師和你聊聊，找出真正的原因，讓效果浮現。

## 唱歌用丹田，其實很紓壓

1 研究發現唱歌具有紓壓效果。在唱歌時，大腦的腦內啡與催產素會增加。這兩種神經傳導物質都與快樂有關，還能緩解緊張情緒、減少壓力、增加信任與親密感。

2 除了紓壓外，唱歌還能改善免疫系統。德國法蘭克福大學（University of Frankfurt）研究＊，調查了合唱團團員在演唱前後，血液中的分泌性 A 型免疫球蛋白（SIgA）含量。結果發現，唱歌後的一個半小時，此數值明顯變高，意味著免疫功能提升。另外，也有研究發現癌症患者化療後，若能定期唱唱歌，術後免疫系統改善的程度也比沒有唱歌的病人還要好。

3 要把歌唱好是需要費力的，因此唱歌有點像運動。歌唱老師說，飆高音時要把屁股夾緊、丹田用力，這與腹式呼吸很像。唱歌時橫膈膜規律震動，對於內臟也具按摩效果。難怪我們認真 K 歌後時常筋疲力盡。此外，因為唱歌多半是和親友一起進行，社交活動本身對大腦來說就是紓壓的。

4 多久沒好好唱歌了？不妨找找同事、家人或朋友，一起到 KTV、又或者找個會吉他、鋼琴的朋友，大家一起聚聚，好好歡唱，藉此紓壓。

---

＊ Kreutz, G., Bongard, S., Rohrmann, S., Grebe, D., Bastina, H. G., & Dodapp, V. (2003, September). Does singing provide health benefits. In *Proceedings of the 5th Triennial ESCOM*. Cownference Exp ear ience (pp. 216-219).

## 吸氣和吐氣，誰是放鬆關鍵

吸氣、吐氣時，分別對應到不同的神經機制。大抵而言，「吸氣」是一種充電的過程，會活化我們身體的交感神經；而吐氣是種放鬆，會活化副交感神經，也就是我們的煞車。同時，急促呼吸也會活化交感神經；反之，讓呼吸變慢則會活化副交感神經。

這就表示，**若要讓呼吸帶來放鬆效果，要記得讓呼吸變慢。同時，多留一點時間在吐氣上**。許多容易緊張、焦慮的個案，他們的呼吸型態往往是「吸氣」時間多於「吐氣」時間。

在治療室我們會搭配「生理回饋」的儀器，讓個案「看見」這樣的呼吸原來會使身體更緊張，一邊帶著個案，有意識地加長吐氣時間。在吐氣時間自然、輕鬆地長過吸氣時間後，個案會發現自己的緊張慢慢舒緩了。

在生活感覺焦慮時，這個概念特別重要。當我們一緊張，要自己冷靜下來，很多人都知道要「深呼吸」，但大家在執行時往往「太用力」了，反而失去放鬆效果。這時，請告訴自己，專心在吐氣。只要把吐氣速度有意識地放慢，輕而慢地把空氣儘量吐出來，放鬆效果會比專注在「吸氣」上還要好。

我們也可以把這個概念應用到助眠上。古印度有一種呼吸調節法稱為「四—七—八睡眠呼吸法」就是個例子。許多失眠，其實是因為睡前仍處在緊張狀態。透過四—七—八的呼吸節奏，可以讓更多氧氣進入肺部，讓這些氧氣使副交感神經活化。身體一旦沒壓力、不焦慮，就更放鬆而平靜，也更容易入睡。

### 四—七—八睡眠呼吸法

1 找到一個適合練習的地方，舒服地坐下來，慢慢閉上眼睛。

2 在準備好開始時，用鼻子輕輕吸入空氣，維持約四秒的時間，並將氣屏住約七秒的時間。可以在心裡默數七、六、五、四、三、二、一。

3 吐氣時，盡可能慢而輕，以八秒的時間長，慢慢將空氣呼出。

4 維持這樣四—七—八的呼吸節奏，可以幫助你在睡前慢慢的放鬆身體。

## 善用呼吸的「停頓點」

除了腹式呼吸、四—七—八的呼吸節奏外，在這還要介紹另外兩種專注在呼吸「停頓點」的技巧。停頓點指的是吸氣和吐氣、吐氣和吸氣之間的「空白」。先來試試看「方塊呼吸法」與「三角呼吸法」，晚點再向大家解釋背後的原理。

### 方塊呼吸法

1 找到一個安全的地方，用舒服的坐姿坐著，但讓身體腰桿輕鬆打直。

2 在準備好開始時，下一次吸氣時，讓吸氣時間維持「四秒」。

3 吸氣四秒後，請停止呼吸，維持吸飽氣的狀態「四秒」。

4 接著，請自然地慢慢將氣吐出，也維持「四秒」。

5 在氣吐光的狀態，暫停呼吸，維持「四秒」。

6 依此規則維持呼吸，可進行約五到十次。

## 三角呼吸法：打起精神篇

（應用在你想打起精神的時候）

1 找到一個安全的地方，用舒服的坐姿坐著，但讓身體腰桿輕鬆打直。

2 在準備好開始時，下一次吸氣時，讓吸氣時間維持「四秒」。

3 吸氣四秒後，請停止呼吸，維持吸飽氣的狀態「四秒」。

4 接著，請自然地慢慢將氣吐出，也維持「四秒」，接著，再繼續吸氣「四秒」。

5 依此規則維持呼吸，可進行約五到十次。

## 三角呼吸法：放鬆篇

（應用在你想放鬆的時候）

1 找到一個安全的地方，用舒服的坐姿坐著，但讓身體腰桿輕鬆打直。

2 在準備好開始時，下一次吸氣時，讓吸氣時間維持「四秒」。

3 接著，請自然地慢慢將氣吐出，也維持「四秒」。

4 在氣吐光的狀態，暫停呼吸，維持「四秒」；接著，再繼續吸氣「四秒」。

5 依此規則維持呼吸，可進行約五到十次。

為什麼這邊的呼吸技巧中，都包含著「屏氣」、「不呼吸」的過程？難道，屏氣不會帶來壓力嗎？後來查了一些資料才發現，屏氣的狀態和「運動」有點像，都是試著些微增加短短的小壓力，來創造更多放鬆感的方法。

一般呼吸中，其實都夾雜著小小的屏氣。不過，這種止息的時間很短暫，所以容易被忽略。但在我們靜下心來的時候（好比練習各種呼吸、正念方法時），就比較容易觀察到它。

適當的屏氣對身體有什麼幫助呢？首先，為了代替本來的肺部氣體交換，我們的皮膚會進行「表皮呼吸」。在表皮呼吸的過程，表皮末梢微血管會擴張充血，好幫助氣體進出。微血管充血後帶來的熱，則會以排汗方式來散熱。在此過程，我們排汗會變好，也可以藉此把體內一些代謝廢物排出。

閉氣時，身體為了節省氧氣，會短暫關閉或暫停一些細胞功能，有點像是電腦進入螢幕保護程式，只保留某些必要功能的狀態。這種狀態對我們來說多半是寧靜的。當然，對部分閉氣時會感覺緊張、恐慌的人來說，這種練習可能就未必適合。

在身體最放鬆的狀態下，耗氧量變低，我們呼吸的急迫性也會降低，這種時刻就容易出現自然的閉氣。去觀察那些可以屏氣很久的人，他們都必須處在「極度放鬆」的狀態中。

不知道大家有沒有看過類似的魔術，在一個大大的水箱中，魔術師被浸泡在水中，需要把捆綁在身上的各種鎖頭、繩結打開。為了維持最久的閉氣狀態，魔術師必須是「平靜的」，只要他一慌張，呼吸的需求就會增加，整個魔術就會變得非常危險。

### 交替呼吸法

最後，我們要介紹「交替呼吸法」。交替呼吸法的梵文是 Nadi Shodhana Pranayama，其中 Nadi 指的是「通道」、Shodhana 則是「淨化」的意思，是個很有幫助，做起來也不用花太多時間的紓壓呼吸技巧。

「交替」指的是我們在練習時會分開「左鼻孔」與「右鼻孔」的呼吸，因此需要輪流按住左、右鼻孔。事實上，我們的身體時常在變化，有時是左邊鼻孔比較通暢、有時是右邊。大概兩個小時會交換一次。這種呼吸法能帶來放鬆感，許多專家認為還能平衡左右腦，安撫神經系統。跟著試試看吧！

## 交替呼吸法

1 找到一個安全的地方，用舒服的坐姿坐著，但讓身體腰桿輕鬆打直。

2 用你覺得舒服的方式，按住右邊的鼻孔，用左鼻孔吸氣。

3 在輕鬆吸飽氣後，更換姿勢，按住左邊的鼻孔，用右鼻孔吐氣。

4 接著，維持同一個姿勢，繼續用右鼻孔吸氣，然後再換成左鼻孔吐氣。

5 上面為一個循環，你可以做幾個循環，感受一下這種呼吸法帶來的感覺。

在討論完「呼吸」之後，我們接著要帶大家放鬆「身體」，最後則教大家放鬆「大腦」。請繼續看下去。

# 3-2 身體的放下練習：幫自己按摩

心理師：「上次提到按摩，有時間去試試嗎？」

企業主管：「有，按完真的比較舒服。」

心理師：「有的公司老闆會聘請按摩師到公司幫員工按摩呢！」

企業主管：「哈哈，等我們賺比較多，我會考慮這麼做。但心理師我想問，為什麼按摩會帶來紓壓效果？雖然被按完會有感覺，但這裡面有什麼科學原理嗎？」

心理師：「很有趣，我認為按摩是種『先苦後甘』的過程。」

企業主管：「先苦後甘？」

心理師：「對啊，按摩時你知道誰很苦嗎？」

企業主管：「應該不是腦筋急轉彎吧，師傅嗎？」

心理師：「對，按摩時按摩師傅正在對你的身體施加壓力。」

企業主管：「這麼說好像是欸，沒想到按摩時我們是被加壓的。」

心理師：「對，不過重點在於師傅找到對的地方，用適當的力道替你的身體加壓。在師傅加壓時，我們感覺其實並不舒服，常常是酸、痛、麻、刺。」

企業主管：「對，可是師傅如果把壓力放掉之後，我反而感覺很放鬆呢。」

心理師：「沒錯，這就是我說的先苦後甘。」

某天你去按摩，分配到的師傅只輕微在你背部摸了幾下，稍微捏捏、拍拍你的肩頸，想必你會生氣而且吵著退費吧！事實上，按摩過程的「緊張」、「不舒服」，其實是按摩要能帶來放鬆的「必要條件」。也就是說，有一種放鬆方法，是要我們先刻意製造緊張，再來感受緊張解除後的放鬆。

在按摩師加壓的過程，我們會覺得不舒服。但這種不舒服，其實是個好東西。它正在為後面的舒服做準備。之前提到呼吸技巧中的「屏氣」也是。接下來要教大家的技巧可以說是一種「幫自己按摩」，在臨床上稱為「漸進式肌肉放鬆法」。不過，在練習它之前，我們要先介紹另一個更基礎的方法，稱為「身體掃描法」。

基礎班

## 身體掃描法

透過身體掃描的練習，我們可以跟自己的身體保持更多連結，你會對你的身體更有感覺，更熟悉身體的狀態。在體驗身體掃描後，再往下練習漸進式肌肉放鬆，通常會有感覺。

### 身體掃描法

1 輕鬆地坐在椅子上，或者你也可以躺在床上。把你的兩隻腳舒服地直直平放。把手臂放在你覺得舒服的位置，像是兩側或者肚子上；如果你坐著，也可以把手自然地放在大腿上。讓你的眼睛輕鬆地閉上。

2 等一下的練習，叫做「身體掃描」。你可以想像一下你印象中的掃描機是怎麼運作的。你會看到一根光桿，它會依序從文件的最上頭，慢慢地掃描到文件底端。我們等一下要做的事情很類似，只是把文件改成自己的「全身」。

3 過程中，你需要依序專注在身體的不同部位。試著打開你的好奇心，因為身體時常用它的方式，告訴我們很多的訊息。但我們在忙碌或壓力很大時，往往聽不到這些聲音。等下，你只需試著對你的身體每個部位保持好奇。

4 首先，請專注在呼吸上。留意一下，空氣是如何進出你身體的？一邊觀察呼吸帶來的身體變化，一邊讓自己的心慢慢安定下來。

5 接著，我們將從身體的底部，慢慢地掃描回頭部。你只需要跟著引導，去觀察身體這些地方此刻有什麼感受就好。將注意力引導到你左邊的腳趾頭，一邊感覺那裡的感覺，一邊好好呼吸。

- 將注意力移到上面一點，來到左腳的足弓和腳跟，在那裡停留一會兒。
- 將注意力移到你的左側小腿，觀察這邊的感受。
- 將注意力移到你的左側膝蓋，觀察這邊的感受。
- 將注意力移到你的左側大腿，感受皮膚與其他地方接觸的感覺。
- 將注意力移到你的右側，從右腳趾開始，如同剛剛的步驟，感受你右側的足弓、腳跟、小腿、膝蓋、大腿。
- 將注意力移到你的臀部，感受此刻現在它與床、椅子或地面接觸的感覺。

- 將注意力移到你的骨盆、下背部及腹部周圍，帶著好奇心去觀察並問自己：「身體這個部位現在有什麼感覺？」如果沒有特別的感覺也沒關係，這只是一個觀察的練習。
- 留意此刻你腹部的狀態，觀察它隨著呼吸進行而起伏。
- 把注意力移到你的胸部。
- 把注意力移到你的左手手指、手掌、下手臂、上手臂與左肩。
- 把注意力移到你的右手手指、手掌、下手臂、上手臂與右肩。
- 把注意力移到你的頸部、下巴。
- 把注意力移到你的舌頭、口腔、嘴唇和臉的下半部。
- 把注意力移到你的鼻子，觀察吸氣時空氣如何從鼻孔進入，吐氣時空氣如何離開。
- 把注意力移到你的兩側臉頰、閉著的眼睛、額頭和頭皮。
- 最後，將你的「專注」完全放開，讓你的身體安然地留在這裡。
- 你可以停留在這個狀態一陣子，直到你想結束這個練習，就可以將眼睛輕輕張開，動動你的手指、腳趾、肩膀、脖子，慢慢回到清醒的狀態。

## 進階班：漸進式肌肉放鬆法

長期處在緊張狀態，肌肉會被拉緊而不自知，這種狀態顯然與放鬆是背道而馳的。因此，漸進式肌肉放鬆練習希望能透過「放鬆身體肌肉」，間接達到消除緊張的感覺。

放鬆的意思是，把不必要浪費的力氣保留起來。如果肌肉長期處在緊繃狀態，就表示我們時常處在「浪費力氣」的狀態。若把這些力氣留起來，還能拿來做很多事情。

先前提到，按摩是一種「先苦後甘」的紓壓過程，漸進式肌肉放鬆也是，我們要「自己苦」，然後才能體會「自己甘」的感受。因此，等下你需要依序跟著引導，替身體某部份的肌肉「加壓」，讓肌肉保持在緊繃的狀態。維持在這個緊張一下子後，再完全放鬆，去感受剛剛的緊張和放鬆之間的不同。

這套方法在臨床上行之有年，早在一九三八年就被一位傑克布森（E. Jacobson）

醫師提出[10]。因為身體的肌肉群很多，完整做完漸進式肌肉放鬆法需要一段時間。一開始我們會先從手部肌肉做起，這些肌肉是我們平常上班、打字、搬東西時最容易用到的，很適合辦公族、肩頸痠痛者。

## 漸進式肌肉放鬆（一）手部篇

1 **手掌：**用力將你的雙手握拳，感受整個手掌緊繃的感覺。大約三秒後，慢慢地放鬆，將你的手輕鬆放在大腿上，感受此刻肌肉的放鬆。

2 **前臂／下臂：**將兩支手平舉起來，做出往前推東西的動作，過程中，讓你的指尖朝上，想像你要把東西往前推，感受手臂前端的緊張。大約三秒後，慢慢地放鬆，將你的手輕鬆放在大腿上，感受此刻肌肉的放鬆。

3 **後臂／上臂：**將你雙手的手掌貼近耳朵，讓你視線前方的兩個手肘靠近一點，再靠近一點，看看能否將手肘互相碰到，感受此刻手肘與肩膀之間手臂的緊張。大約三秒後，慢慢地放鬆，將你的手輕鬆放在大腿上，感受此刻肌肉的放鬆。

在做完手部放鬆後，我們來試試看臉部的放鬆。這套放鬆特別適合給時常操煩，動不動就皺眉，或者工作大量動腦，以及時常需要「笑臉迎人」的服務業夥伴。

## 漸進式肌肉放鬆（二）臉部篇

1 **額頭：**把眉毛盡量向上提，拉緊額頭這邊的肌肉，盡可能將前額肌肉用力縮緊，感覺皮膚皺起來的狀態。大約三秒後，慢慢地放鬆，讓你的前額回到本來的狀態。

2 **眼皮與眼睛周圍肌肉：**把眼睛閉緊，比平常閉緊再用力一些，感覺此刻眼睛周圍肌肉的緊張。大約三秒後，慢慢地放鬆，讓你眼睛周圍的肌肉回到原來的狀態。

3 **臉部肌肉：**把牙齒咬緊，收緊下顎，讓臉頰變得緊張。大約三秒後，慢慢地放鬆，讓你牙齒、臉部肌肉恢復原來的狀態。

4 **嘴唇：**將你嘴唇閉緊，讓嘴唇周圍的肌肉繃緊起來。大約三秒後，慢慢地放鬆，讓你嘴唇周圍的肌肉恢復原來的狀態。

10 Jacobson, E. (1938). Progressive muscle relaxation. *J Abnorm Psychol, 75*(1), 18.

最後一部分是身體主要軀體的放鬆，我們會從肩頸往下，延伸到胸部、腹部，最後到腿部。軀體放鬆對應的就是各種身體困擾，像是緊繃、痠痛、僵硬、胸悶等，也很適合時常感覺緊張、焦慮的夥伴嘗試。

## 漸進式肌肉放鬆（三）身體篇

1 **肩膀：**將你的脖子縮起來，想像要用你的耳朵去碰觸肩膀。感覺現在肩膀、脖子肌肉的緊張。大約三秒後，慢慢地放鬆，讓你肩膀、脖子周圍的肌肉恢復原來的狀態。感覺一下「放下」的狀態，很多時候我們脖子聳起來而沒有發現。

2 **頸椎：**將你的頭慢慢往前傾，試著用下巴去靠近胸口，感覺頸部肌肉的緊張。不只是前面，連後面的肌肉都會緊繃起來。大約三秒後，慢慢地放鬆，讓你脖子周圍的肌肉恢復原來的狀態。

3 **上背部：**稍微離開你的椅背，如果你躺著的話，可能需要暫時坐起來。將你的胸口挺出來，讓你的左、右手在後背握起來，一邊把兩側的肩膀向後夾，讓你的上半身變成像是倒U的形狀，把背部拱起來，感受背部肌肉的緊繃。大約三秒後，慢慢地放鬆，讓你上半身的肌肉恢復原來的狀態，慢慢坐回、躺回原來的位置。

4 **胸與肺部：**準備好時，做一個長長的「吸氣」動作，想像把空氣充滿你的胸與肺，維持在這個狀態，閉氣一段時間（約莫十秒）。接著，再慢慢地將空氣吐出，感受胸與肺部附近肌肉的放鬆。

5 **縮小腹：**把你肚子的肌肉往內縮，用力收緊，就是平常試著「縮小腹」的感覺。大約三秒後，慢慢地放鬆，讓你的腹部回復本來的狀態。

6 **大腿：**將你的雙腿往前伸直，感受大腿肌肉此刻緊繃的感覺。大約三秒後，慢慢地放鬆，讓你的腿部回復本來的狀態。

7 **小腿：**將腳掌中腳趾的部分往上翹起來，你會感覺到小腿肌肉的收縮和緊張。同時，腳踝與腳背也可能會有緊繃感。大約三秒後，慢慢地放鬆，讓你的腿部回復本來的狀態。

8 **感受身體此刻的狀態：**現在，不用急著做什麼。如果你還有一點時間，感受一下身體現在的感覺，感受放鬆的感覺。在準備結束之前，你可以輕輕地動動你的手、脖子、肩膀、腰、腿。或者，給自己幾個完整的呼吸，結束這個練習。

## 感覺不錯，但怎麼知道放鬆到底有沒有效？

在進行各種放鬆練習時，我們「感覺」很舒服。但這種舒服就是放鬆嗎？進行這些練習，真的能讓身體有紓壓效果嗎？有時，為了讓個案更願意練習，或者更相信這樣的練習，「拿出數字」是很有效的。

什麼叫拿出數字，就是「聽身體說話」。每個人身體裡都很多數值持續在變化。有些數值是我們花點時間就可以觀察到的，而這些數值對壓力是很敏感的。好比說，我們的心跳與脈搏。

在壓力很大的時候（好比被狗追），我們的心跳會變快、脈搏也會跟著增加。在我們放鬆下來時候，心跳則會減緩。因此，透過測量脈搏，我們有了一個現成的工具可以觀察，身體此刻緊張和放鬆的程度。

我知道，很多讀者到目前為止，都還沒「真的體驗過」書上提到的練習（特別是呼吸和身體放鬆的練習）。我可以理解，不過，**只是讀過那些技巧是不會放鬆的**。再給自己一次機會，回到先前的任何一個練習，搭配以下實驗方法，來觀察自己的身體有沒有更放鬆了。

在做任何一個練習之前，打開碼表或手機裡的「倒數計時程式」，計時三十秒，幫自己測量一下「放鬆前」三十秒裡，脈搏跳了幾下。紀錄在下面的格子：

## 放鬆前後脈搏數

| 練習前<br>三十秒的脈搏數 | 我這次挑選的練習是 | 練習後<br>三十秒的脈搏數 |
|---|---|---|
| / 下 | | / 下 |
| / 下 | | / 下 |
| / 下 | | / 下 |
| / 下 | | / 下 |
| / 下 | | / 下 |
| / 下 | | / 下 |
| / 下 | | / 下 |
| / 下 | | / 下 |

接著，進行你挑選的放鬆法，跟著引導做練習。在練習後，再次測量放鬆後的脈搏，一樣三十秒的時間，填在最右邊的格子。

兩個數字有差別嗎？如果剛剛練習有讓你身體比較放鬆的話，你會發現第二次測到的脈搏數會變小。這就你的身體真正有感受到放鬆的客觀證據了，而不只是主觀感覺放鬆而已。

＊＊＊

我知道，你現在還是還沒做練習對不對？這其實是很多個案會遇到的狀況，可能因為覺得練習看起來很枯燥、沒有想像中有趣，又或者是太忙什麼的。

有時，我會直接在課堂上、諮商時，親自帶個案練習這些方法。很有趣，在課堂上提到要做放鬆時，學員都很期待，也會跟著認真做。但回到家後，要記得再練習，就變得很難。回家後，大家還是一樣，忙著用老方式來紓壓，上網、追劇、逛街、狂吃、狂睡……

萬事起頭難。期待在這分享的工具，有機會成為大家生活的一部分。事實上，真正讓身體有感覺的放鬆，是不用花錢的，雖然它們看起來確實很樸實無華。最後一次機會，你願意現在就試試看嗎？

## 幫自己的身體做紓壓實驗

- 使用手機倒數計時功能，打開三十秒時間。
- **前測：**測量你身上的脈搏或心跳，看三十秒跳了幾下，並做紀錄。
- 挑選你想要嘗試的放鬆方法，專注地執行。
- **後測：**測量你身上的脈搏或心跳，看三十秒跳了幾下，並做紀錄。
- **放鬆效果檢測：**比較前後測的數據，如果後測的脈搏、心跳減緩了，表示身體確實有變得比較放鬆。

3-3

# 大腦的放下練習：正念冥想法

在介紹了身體的放鬆，把緊張放下後，接著要分享的是：「心理」的放下。「放下」二字說來簡單，卻很難做到。

在腦中思緒煩雜時，很多人下意識地認為「不要想」是當下最該做的。但研究告訴我們，壓抑大腦的想法，注定會失敗。很多人在壓抑之後，念頭反而變得更多、更雜亂。這就像是用雙手，去把一杯泥巴水的泥巴撈出來一樣，不但水杯沒有變乾淨，你的雙手也跟著髒了起來。

因此，**面對大腦繁雜思緒的最佳解方，其實是接納現況，然後試著把你當下的注意力，溫柔地聚焦在一個中性的東西上**。不用硬性規定自己「不要想那些」，因為這是不可能的。

只需要看見大腦現在很煩亂，告訴自己，心煩意亂是沒關係的，但我可以試著找一個中性的東西來專注，好比呼吸。讓心煩意亂有時間可以慢慢沈澱（像是那杯泥巴水一樣）。

在目前心理學領域中，最有效練習專注力的工具是「正念」（mindfulness）。正念的「正」並非正向，而是類似英文中「現在進行式」的意思，也就是「-ing」。而念這個字可以被拆解為「今」（now，現在的）與「心」（mind，心智）二字，合在一起就是「觀察當下心智」的意思。

**正念冥想法**

1 **騰出時間：**在每天忙碌的生活中，找出一段時間，養成習慣讓大腦可以稍微沈澱一下。

2 **找出地點：**找到一個安全的地方，觀察一下這個地方是否是安靜、沒什麼雜物讓人分心的地方。

3 **設定計時器：**利用手機、手錶等裝置，讓自己可以安心無虞地開始一趟五分鐘的正念。如果是第一次做，可以設定五到十分鐘的練習時間；熟悉後，也可依據個人狀況，把時間延長為十五到四十分鐘。

4 **找到一個舒適的坐姿：**用舒服的坐姿坐著，但讓身體腰桿輕鬆打直。你也可以在地板上盤腿而坐。確認一下身體姿勢是筆直、自然且舒服地，雙手自然地放在適當的位置。伸展脖子，別讓它僵直；下巴自然的微微內縮。舌頭在嘴巴內輕鬆地頂著上顎。接著放鬆肩膀，慢慢把眼睛閉上。

5 **呼吸：**一開始可以用深呼吸，幫助自己慢慢平靜下來，找到自己在這個地方的存在感。

6 **開始冥想：**將深呼吸狀態慢慢地方放下，回到自然的呼吸上。試著把注意力完全留給呼吸。一邊呼吸，一邊感受身體的變化，觀察這些因為呼吸而改變的身體狀態。

7 **一定會遇到的分心：**盡可能專注在呼吸上……吸氣、吐氣，把注意力留給呼吸。但大概沒多久，你的注意力就會跑走了。它會去想一些過去的事、未來的事，又或者是現在聽到的聲音、身體哪邊痠痠的。當你遇到這種狀況時，請提醒自己沒關係，這是非常自然的。把那些讓你分心的感覺、想法放下來。溫柔地把自己的注意力帶回呼吸就好。

8 **重複前兩個步驟：**整個正念冥想的重點就是「回來」，我們的心如猴子一般，本來就很容易跑走。無須責怪自己的分心，只要「知道」自己分心了，再把注意力拉回來呼吸，就可以了。

9 **對自己仁慈：**當自己分心，或者是恍神、想睡覺時，不用對自己生氣。當你真有點累時，試著張開眼睛、調整坐姿，找到一個警戒卻又放鬆的姿勢，對維持正念練習很有幫助。

10 **準備輕柔的降落：**隨著手機、計時裝置的提醒，準備從正念狀態回到現實生活。不用急著張開眼睛，除非你已經準備好了。懷抱感謝之心，對於自己完成今天的正念練習表達謝意、感恩。

精確地說，正念練習比較不是為了「放鬆」而設計的，但持之以恆的練習，它確實是一個可以幫助我們「放下」的工具。

「持之以恆」四個字在這裡很重要。唯有持續練習、熟能生巧，才能在危急時刻（好比情緒激動）派上用場。

正念大師卡巴金[11]曾說過一個比喻。如果你是一位傘兵，你應該不會在跳傘當天才開始練習救生傘的使用方式。傘兵平時就會在「地面」這種安全的地方，多次練習打開救生傘。這樣一來，之後就算我們在高空、有點緊張時，才會記得要怎麼打開傘來救自己。

記得囉，正念不是一個心情不好、心煩意亂「才」拿來用的工具。它比較像是幫大腦刷牙。每天都該留點時間給自己，好好刷刷你的「心」，讓你心中的壓力可以慢慢地被放下，好好照顧自己。

研究發現正念練習除了減少壓力外，還能提升正向情緒、增加生活滿意度、減少憂鬱情緒、改善身體疼痛、提升免疫力、提升社會連結感、增加人生目的感。

專家認為，正念能減少我們身體在面對壓力時的反應。對壓力很敏感的心血管系統，也會在正念練習後獲得改善。如一個研究請有高血壓的青少年每天進行兩次正念練習，一段時間後，這些人出現心血管疾病的機率，比另一群上「心血管疾病教育講習」的青少年還要低。另一個以大人為對象的研究發現，心臟病患者在規律做正念練習後，閉塞性動脈硬化症的症狀甚至減輕了。

## 想像式意象放鬆法

除了正念之外，還有另一種「想像式意象放鬆」方法，對於大腦放鬆也很有幫助。之前曾提到，人類大腦無法區分「想像中的事」和「實際發生的事」的差別。對大腦來說，當你在煩惱等一下下大雨怎麼辦時，就等同於「現在就在下大雨」，得想辦法度過難關，此刻的身體就會處於壓力狀態。

若我們應用大腦的這個機制，刻意讓大腦開始想像一些放鬆的地方、畫面，搭配一些音樂，其實也能讓大腦感覺自己好像真的來到度假聖地了。讀者可以跟著引導，來體驗一下帶大腦去度假的想像式意象放鬆法。

11 喬．卡巴金（Jon Kabat-Zinn）美國麻薩諸塞大學醫學院正念中心及其附屬醫院減壓門診的創辦人，也是禪修指導師、作家。一九七九年在麻薩諸塞大學醫學院開設正念減壓療法課程，也推廣至醫療中心、醫院及健康維護機構。

找到一個適合放鬆的地方，試著輕鬆的坐下，幫你的身體「喬」一個舒適的姿勢。接下來我們要進行的是想像式意象放鬆法，你可以輕輕將眼睛閉上，然後打開耳朵和你的想像力，讓自己的身心可以慢慢放鬆下來。

在開始之前，先花點時間關照你此刻的身體感受。等一下，當我們唸到身體哪個部位時，就請你觀察一下這邊的感覺。

1

試著感受，頭髮與頭皮之間接觸的地方……

試著感受，兩個眼睛之間的距離……

試著感受，兩個耳朵之間的距離……

試著感受，嘴巴此刻裡頭的空間……

試著感受，舌頭現在在嘴巴裡的哪個位置……

試著感受，你的脖子、肩膀現在是自然地放下的……

試著感受，你的手臂現在自然地擺放在身體兩側……

試著感受，每次呼吸時胸口的起伏……

試著感受，雙腳底部現在的位置……

試著感受，周圍空氣現在的溫度……

2 此刻，回到你的大腦裡，一邊聽著引導，一邊開始想像：現在的你，正來到一個讓人非常放鬆的地方。也許是一個風和日麗的春天，你慢慢地坐在一棵樹下；也許是蔚藍天空裡，有一朵白雲，此刻的你正慵懶的躺在上面；又或者，是在有著藍藍海水的沙灘上，你愜意地躲在陽傘下；也有些人喜歡窩在室內，一個自己最喜歡的角落，泡著一杯咖啡，聽著喜歡的音樂……

3 試著用一點時間，在腦海中打造出自己最喜歡的休息地，想像一下你人就在那裡，很清楚地看見周遭有些什麼、聽見周遭的聲音、甚至可以聞到附近有些熟悉的氣味、現場的溫度、風速。試著泡在這樣的體驗中，讓自己成為那裡的一份子……

4 在這個屬於你的地方，你可以自在地待著，你的心慢慢平靜了，全身慢慢地鬆了下來，你覺得放鬆多了。

5 如果你決定要完成這個練習，試著在心中由五開始慢慢倒數，每倒數一個數字，你變得更加清醒……

6 倒數到一時，你向那個舒服的地方揮揮手，說聲再見，下次當你需要時，你可以再次拜訪它。此刻，你已經回到了原本練習的空間，慢慢準備張開眼睛，給自己幾個完整的深呼吸，慢慢地回到本來的日常生活。

在討論完呼吸、身體的放下、大腦的放下後，我們要回到我們的感官，帶大家來設計自己的「五感放鬆術」。

3-4

# 五感放鬆術

視覺、聽覺、味覺、嗅覺、觸覺，每個人都有自己的優勢感官。有人對視覺特別敏感，看到不舒服的畫面時，他們感受到的衝擊比別人更大。反之，我們也可以善用這種優勢，刻意接觸自己喜歡的感官刺激，就能反過來釋放壓力。

要怎麼知道自己的優勢感官是哪個呢？親自試試看才知道。接著，我會簡單介紹五感放鬆法的點子，記得自己體驗看看並做點紀錄，之後壓力大時就可以拿出來用了。

## 視覺休息法

**利用視覺，欣賞下列幾種圖像，嘗試看看有沒有放鬆的感覺。**

**自然景觀：**研究顯示，看到「自然景觀」時我們的心跳、呼吸都會變得比較平緩。有空時不妨把自己置身綠地、公園、大海，感覺一下有沒有變得比較放鬆。

**可愛圖片：**打開手機，你的「桌布」放的是什麼照片？也許是家人的照片、貓咪、狗狗，或是某張風景照。試著在工作、生活中，安放這些你看了覺得舒服的照片。把它們集中存放在一個地方，或設為螢幕保護程式。

**搞笑影片：**心情不好時，我會默默打開自己在YouTube設置的播放清單：「笑死」清單。裡頭存放著各種我第一次看到時不小心笑出來的影片（好比在時尚服裝走秀舞台上，模特兒因穿高跟鞋而跌倒的影片，對不起）。

**可愛動物的影片：**可愛貓狗，或者其它小動物等，容易讓人看了心暖暖。我的播放清單裡面也有一支影片，是一隻樹懶坐在躺椅上，什麼也不做。這支影片每次播出都能讓台下觀眾哈哈大笑。

## 眼不見，心就淨

雜亂帶來壓力，乾淨的環境讓人感覺舒服。因此，花點時間整理房間、整理辦公室對你的視覺來說是好事。

你可以試著從一個小角落開始，挑選一個整理難度不那麼高的地方，也許是書櫃的其中一格、辦公室的其中一個抽屜。試著發揮斷捨離的精神，看看這些陪伴你許久的東西，有哪些是你已經很久沒用到的？若是《怦然心動的人生整理魔法》[12]的作者近藤麻理惠可能會問你，這些很久不用的東西，是否還讓你有「怦然心動」的感覺呢？

把雜物分成「必要」、「非必要」、「?」三區。替「必要」的東西找到適當位置並擺放好。把「非必要」的東西發揮創意，讓它們到更需要的人手上，捐出去、送給同事或朋友都好。他們會很高興，而你看到他們的笑臉，也會跟著高興起來。

比較尷尬的是「?」這一區，我自己的做法是，把它們集中放在一個小箱

12 《怦然心動的人生整理魔法》，近藤麻理惠著，陳光棻譯，方智出版，2011。

子裡。如果接下來這陣子，你都沒有因為要找特定的東西而去打開這個箱子，就表示這箱子裡的東西未必如你所想的這麼必要。把它們按照「非必要」的處理方式處理掉。看到簡潔、乾淨、雜物變少的空間，對我們大腦是很紓壓的。

曾有一陣子，壓力大時我就買書。在工作幾年後，我望著房間裡已經開始積灰塵的書，問自己：世界上書這麼多，哪些書是我這輩子不會再讀第二次的，挑選完後，我就花了點時間（一、兩年），把這些書送給現在會比我更需要它的朋友。

房間空了，我的心也輕鬆了。空出來的空間，讓房間變得更舒服、寬敞，待在房間的感覺更好，也無形中提升了工作效率。

除了房間之外，也替電腦檔案、手機 App 斷捨離吧。一定有很多檔案或 App 到現在都還沒開過，有需要就備份，不然就刪一刪吧。順道一提，研究也發現，有意識地遠離手機，減少察看行為，就能帶來紓壓效果。因此，除了手機 App 可以斷捨離，使用手機這件事也可以好好斷捨離一番。

## 更多視覺紓壓好點子

- 到鄉下走走。
- 查看日出、日落時間，看看太陽。
- 夜晚看星星、月亮。
- 整理一本筆記本，裡面存放各種你覺得珍貴的圖片或門票等。
- 佈置房間（買朵花，上網查一下「一束鮮花」的故事）。
- 在房間裡把燈關掉，點一盞蠟燭。
- 為自己挑選一副喜歡的餐具。
- 到咖啡廳坐著，看著路人走來走去。
- 到博物館、精品店、動物園走走。
- 參觀古蹟。
- 觀賞喜愛的電視節目、電影或影集。

**聽覺休息法**

**嘗試利用聽覺，尋找紓壓方法。**

**創造紓壓歌單：**音樂一直是許多人生活的一部分。你有屬於自己的「紓壓歌單」嗎？有人喜歡聽快歌來提振精神，有人很悶時，需要來幾首痛徹心腑的情歌，甚至要唱個幾句才舒服。記得平時就開始收集你專屬的紓壓歌單。

**嘗試沒有接觸過的音樂類型：**在第一次聽到「梁祝」時，我對國樂改觀了。在第一次聽完「給小朋友的古典樂ＣＤ」之後，我對古典樂改觀了。很多我們認為不適合自己的音樂類型，可能是因為第一次接觸到不適合的歌。不妨多嘗試各種類型的音樂，相信能在不同時間點帶給你不同啟發與感受。

**善用音樂串流平台的精選歌單：**知名音樂串流平台如Spotify、KKBOX等，都開放用戶分享他們的歌單。好比，在長途開車時，可以試試「強拍節奏歌單」來舒緩塞車壓力。「工作時來點Chill的歌單」想必陪很多上班族渡過了上班時間。若對歌單還沒有想法，不妨參考別人的歌單品味一下。

## 從早到晚五個時段的建議歌單

Spotify曾利用大數據，分析了用戶在不同時間的「聽歌習慣」發現，不同時間的用戶有不同的音樂愛好。他們以此設計了許多不同的「歌單」。這些情境歌單，會隨著用戶偏好和習慣有所改變。雖然下面有些歌單分類現在可能找不到了，被新的、更多用戶喜歡的分類給取代。但無論如何，上網看看各種歌單，在你需要紓壓時，不妨給音樂一個機會！

- **晨起早鳥，早上五點到九點：** 適合的歌單為「早安元氣站」（流行輕快的音樂）；「上班輕聽」（旋律較舒緩的中文歌曲）；「快樂進行曲」（節奏感較強的流行西洋歌）。
- **忙碌蜜蜂，早上九點到十二點：** 適合的歌單為「愛的回憶」（抒情的中文歌）；「HIT高強度樂曲」（電音、容易High的西洋音樂）；「心情大振」（西洋流行節奏輕快音樂）。
- **慵懶殭屍，十二點到下午五點（沒錯，慵懶超久）：** 「台灣流行樂」（熱門台灣流行中文歌）；「慢。生活」（旋律緩慢輕柔）；「情歌不敗」（舒緩的中文情歌）。

- **夜行神騎，晚上六點到十點：**「新歌快遞」（熱門新歌）；「台灣現場」（台灣熱門且節奏快的音樂）；「消除壓力」（輕鬆歡樂的西洋音樂）。
- **逐夢人，晚上十點到凌晨一點：**「全球人氣榜」（全球最熱門的音樂）；「最IN國語榜」（最新國語流行歌曲）；「我的微醺夜」（輕柔舒緩讓人放鬆）。

**無人聲的純音樂：**在演講中間休息時，我很喜歡上網找純音樂播，其中「咖啡店音樂」，有著一秒讓教室變成「咖啡廳」的效果。在網路上有很多這種無人聲純音樂，頗具紓壓效果，值得參考。

**聽海哭的聲音（不是音樂的聲音）：**除了音樂之外，其實自然界中廣泛存在許多音景（Soundscape）。這個字指的是「聲音加上景觀」，好比：蟲鳴鳥叫、河流的聲音、下雨的聲音、廟裡面晨鐘暮鼓的聲音等等。這些聲音對於紓壓也往往有意想不到的效果。我常用的音景網站是Defonic，讀者可以上網玩玩看。

## 更多聽覺紓壓好點子

- 尋找大自然的聲音（如蟲鳴鳥叫、流水聲等）。
- 注意聆聽城市裡熙攘往來的車聲、喇叭聲、人聲等。
- 觀看一部節目或影片，但把眼睛閉上只用聽的。
- 哼唱你最喜歡的旋律。
- 學習某樣入手容易的樂器。
- 打開收音機，聽聽地方廣播，聽聽主持人和遠方其他人說話。
- 搜尋有趣、好聽的 Podcast 節目，讓聲音陪伴你。推薦有個叫「心理師想跟你說」的節目很好聽。

**味覺休息法**

**「健康的吃」可以紓壓。不過，為紓壓而吃時，很容易變成暴飲暴食，反而會造成身體壓力。如果你是個對味覺敏感的人，想用味覺紓壓時，可多留意吃什麼比較好。**

當然，在平日吃得健康一點，本身就具有讓身體穩定的功效。今天你的飲食有沒有均衡呢？衛福部針對國人營養，設計了一個「我的餐盤」組合，檢查看看你今天都吃到了沒。

- **乳品類：**每天早晚一杯奶，約一點五至兩杯／日，每杯 240mL。
- **水果：**每餐水果拳頭大，挑選在地、當季的水果，且要多樣化。
- **蔬菜：**菜比水果多一點，當季蔬菜為宜，且建議三分之一為深色蔬菜。
- **全穀雜糧：**飯跟蔬菜一樣多，建議三分之一為未精製之全穀雜糧。
- **豆魚蛋肉：**豆魚蛋肉一掌心，且份量上豆類＞魚類＞蛋類＞肉類。
- **堅果種子：**堅果種子一茶匙，一茶匙約莫是大拇指第一節大小，約是五粒開心果、十粒南瓜子或十粒葵瓜子。

除三餐外，平時也可以在工作環境放些紓壓食物。哪些食物有紓壓效果呢？

- **香蕉、堅果、葡萄乾：**含有礦物質「鎂」，可安定神經系統、讓肌肉放鬆、維持情緒穩定；可以到量販店買大罐綜合堅果（建議不加鹽、不加糖），使用可以重複利用的容器，每天裝個一、兩茶匙到辦公室吃。
- **藍莓、草莓、葡萄籽、櫻桃等：**有抗氧化的花青素，可以改善疲勞、降低身體發炎反應；除了考慮新鮮的水果之外，量販店通常也有販售冷凍後的水果，很方便攜帶與保存。
- **牛奶、香蕉、家禽肉類、海鮮：**在平日生活中攝取含有「色氨酸」的食物，可以協助舒緩神經，幫助睡眠。
- **豆腐、優格、起司、小魚乾：**富含「鈣質」的食物，是天然的神經穩定劑，能鬆弛緊張的神經、穩定情緒、幫助放鬆。
- **深綠色蔬菜、糙米、牛奶、豆類：**含有維生素B，是應付壓力的重量級營養素，可以協助維持活力、改善疲勞狀況。

- **檸檬、哈密瓜、葡萄等：**富含維生素C，協助身體製造副腎上腺皮質素，可用來對抗精神壓力。

**壓力大時少吃的幾種食物**

1 **太油的食物：**油膩的食物需要身體消耗很多力氣消化，因此吃了不久之後，我們反而會昏昏沈沈，例如：冰淇淋、炸雞、薯條、披薩、漢堡、蛋糕。

2 **太鹹的食物：**很多食物吃起來還好，但其實含了很多鹽分，這些鹽進入體內後，會干擾我們身體的循環，讓代謝緩慢，精神自然容易疲憊，更難專注在工作上，例如：洋芋片、罐頭、泡麵、精緻肉品（如香腸、火腿、熱狗）、滷味、醃製品、番茄醬、醬油。

3 **太甜的食物：**什麼！太甜的東西也無法紓壓嗎？是的，大量糖類進入體內後，雖然短時間內可以有「鎮靜作用」，但這些糖會快速被腸胃吸收，使體內血糖猛升又下降，反而會讓精神更渙散；這也是為何喝完手搖杯之後，很多人反而疲累的原因。例如：含糖飲料、果汁、蛋糕等都是。

4 **太亢奮的食物：**很多人習慣來一杯咖啡提神，但用量需要留意，過量的咖啡因容易使身體腎上腺素分泌增加，反而會讓人煩躁，壓力感受更大，太晚喝也容易影響晚上睡眠。不妨試試各種花草茶，找到自己最喜歡的味道，通常紓壓效果會比每天灌咖啡更好。

此外，生活忙碌時，時常忘了喝水。身體需要定時、定量補充水分，當我們感覺「渴」的時候，往往是我們已經缺水很久的訊號了！

事實上，飲水量不足、流太多汗，都會影響到我們體內的系統，有些人在夏天血壓飆高起來，不是別的原因，而是因為太少喝水。特別是我們待在冷氣房時，很容易忘記要喝水。

水分充足時，腦細胞比較能傳遞資訊，我們做事的效率會更好，另一方面也能安定神經。缺水時，我們會變笨。

時常提醒自己，多喝水。隨身帶瓶水，找到空檔就喝幾口水。如果不喜歡白開水的味道，可以考慮每天早上切一片檸檬、柳丁或小黃瓜等蔬果，泡在水裡一起喝。此外，你也可以上網找相關的手機 App，用來提醒自己規律喝水。

## 更多味覺紓壓好點子

- 觀察一樣食物被準備的過程（路邊有時可以看到「現剖椰子」的機器，看著食物慢慢被製作出來的過程其實很療癒）。
- 去買一個「一週藥盒」，裡面放一些自己喜歡的食物。
- 嘗試一些滋味很獨特的食物，重新打開你對味覺的想像（如哈利波特中「鼻涕」口味的糖果、整人的酸溜溜糖果）。
- 到百貨公司、大型量販店到處試吃你沒有吃過的食物。
- 咀嚼口香糖對很多人來說有紓壓效果。
- 刻意隔幾天再品嚐你很喜歡的食物（好比，三天不喝拿鐵）。

### 嗅覺休息法

**還記得外婆家廚房木頭櫥櫃的味道嗎？在聞到特定味道時，我們的某些記憶很容易浮現出來。大腦中負責氣味、嗅覺的腦區，與記憶儲存的位置極為接近，也因此，嗅覺與記憶其實是緊緊相連的。**

對許多人來說，聞到某些氣味就能讓大腦放鬆。但嗅覺帶來的感受是很主觀的。有些味道可能大家都很喜歡（好比柑橘、薰衣草等），但是否適合自己要嘗試過才知道。

沒事時我偶爾會去精油店晃晃，裡面可以嘗試由不同植物提煉出來的各種精油氣味。我會請教店員，最近頭很容易緊繃，哪些精油比較有幫忙？或者，反過來信任自己的感覺，在不知道精油的功能、組成時，直接去感受當下哪個氣味對我來說最舒服，然後再去請教這瓶精油主要的功效，是很有趣的過程。

如果你是個嗅覺敏感的人，不妨在身上放一小瓶精油。在需要轉換心情、提振精神時，可以在身上稍微塗抹，或者吸聞一下。讓氣味帶來的「轉化感」帶你轉換一下現在的狀態。

## 更多嗅覺紓壓好點子

- 找幾個味道喜歡的精油，請店員幫你稀釋成可以塗抹在身上的版本。
- 把握挑選肥皂、洗髮精、沐浴乳的機會，認真找到聞了就喜歡的味道。
- 送你的家人或伴侶一罐你喜歡的香水，這樣你之後就可以常常聞到那個味道了。
- 在吃東西之前，認真的聞聞看它的味道。
- 到賣咖啡的店裡，和老闆聊聊世界上各種咖啡豆，試著聞出它們的差異。
- 讓辦公室、房間、汽車裡等地方，充滿你喜歡的味道。
- 到大自然中，找到五種有味道的植物，好好感受。

**觸覺休息法**

**「擁抱」和「泡湯」是兩個時常被提到的紓壓方法。**

這兩件事有什麼相似之處嗎？有的，它們都是一種以「觸覺」為主的體驗。泡湯也是一種被擁抱的過程，只是抱你的對象是熱熱的溫泉。這種狀態跟我們還是胚胎時，在媽媽子宮裡的狀態十分類似。

擁抱是一件紓壓的事。如果能和信任、親密的人擁抱，大腦當中攸關快樂的神經傳導物多巴胺會增加。此外，催產素也會提升，進而讓人放鬆身體、降低血壓。

回想一下，小時候在外受傷、遇到難過的事情，家人會把你抱起來，拍拍你、安慰你。對小朋友來說，溫柔地擁抱本身就是一種處理壞心情的方法。只是，在這個害羞而拘謹的華人社會，長大之後，我們就越來越少擁抱了。

在美國與荷蘭等地，甚至有「擁抱」的體驗活動，只是……擁抱的對象是牛。據聞，因牛的心跳慢，在和牛抱抱時，更容易感覺放鬆。但想抱抱牛來紓壓價格可不便宜，一小時相當於台幣約兩千多元（和諮商價格差不多了）。

為了讓你再多一點擁抱的動機，再分享一個研究。美國卡內基美隆大學曾調查了四百多位成人，了解他們社會支持的狀況。每天晚上，受訪者都會接到電話，詢問最近與親人、朋友相處的狀況，有沒有吵架、當天有沒有擁抱等。蒐集了一陣子資料之後，這些人會來到實驗室，並接受輕量的「感冒病毒」。

結果發現，社交支持較高，且常常有擁抱行為的人，接受感冒病毒攻擊之後，比較少人真的感冒；就算感冒，症狀也比較輕微。

接著，我們來看看泡湯的紓壓效果。我想分享的是一個和猴子有關的研究。日本京都大學靈長類研究所的竹下教授曾用猴子糞便做了一個有趣的研究。

研究人員想研究猴子的生活壓力，但猴子沒辦法填寫壓力問卷，研究者只好從猴子的糞便來觀察。採樣糞便後，測量裡面的糖皮質素濃度，這個數值可以反映出猴子的壓力狀態。

冬天是個讓猴子壓力更大的時節，實在太冷，猴群的糖皮質素濃度都上升了，猴群情緒暴躁、易怒、具攻擊性。竹下教授發現，這種現象在泡湯之後那陣子都會減少。事後分析了「泡完湯之後」的獼猴大便，確實發現糖皮質素濃度降低了！

泡湯確實是個讓人紓壓的好方法。**泡湯對血液循環、呼吸、皮膚、肌肉關節和免疫功能都有蠻好的助益**。漂浮在水中，水的浮力也可以類比為一種按摩，能降低肌肉和精神的緊張度。

## 更多觸覺紓壓好點子

- 泡熱水澡、足浴
- 按摩、SPA
- 冰敷
- 窩在沙發、懶骨頭上
- 穿觸感很舒服的衣物
- 到海邊吹吹風
- 擁抱大樹
- 洗床單、曬床單、在床上翻滾、窩在棉被裡
- 擁抱你家的寵物

## 關於寵物

在陪伴主人面對生活壓力時，寵物也功不可沒。寵物陪伴之下，我們的血壓與心跳都會降低。

養狗不但紓壓，還能降低死亡率。加拿大多倫多大學內分泌和新陳代謝系助理教授克雷默（Caroline Kramer）回顧了七十年來的醫學文獻[13]，分析了來自美、加、紐、澳、英國等地近四百萬人資料，發現：與沒養狗的人相比，有養狗者死亡率低了24%，死於心血管疾病的機率也降低了31%。

養狗有什麼好處呢？遛狗時，容易與其他狗主人有更多人際連結的機會（狗是很好的聊天話題）。就算對不喜歡與人互動的飼主來說，與寵物相處本身就是一種連結感，這對心理健康很有幫助。

狗主人比較不寂寞，也有較好的自尊感、歸屬感與意義感，這些正向的改變直接、間接地改善了主人健康。不少醫院甚至引進狗老師、貓老師來協助末期病人調適身心壓力。

雖然不是每個人都適合養寵物，但接觸動物本身就能帶來紓壓效果。不妨到流浪動物之家走走。或者，借朋友家裡的狗遛遛，體驗寵物帶來的紓壓滋味。

**大自然是減壓教室**

身處自然環境，視覺、聽覺、嗅覺、觸覺，甚至是味覺都能被滋養，身體會明顯感受放鬆。

一個為期十八年，調查超過一萬位居民的研究發現，居住地若靠近大自然，能降低憂鬱、焦慮的比例、提高生活滿意度。研究者比喻，如果結婚能帶來一百分的快樂加分，那和大自然當鄰居則可帶來三十三分的快樂加分。這也是許多企業「引進大自然」的原因，像西雅圖的亞馬遜總部、Airbnb 的舊金山總部、蘋果的加州庫伯提諾園區，都能在辦公大樓看到一大片樹林。

身處自然環境除了減壓外，還能恢復快被用光的腦力。很多思想家，像達爾文（演化論提出者）、愛因斯坦（物理學家），他們都有在林間散步的習慣。在自然環境中漫步，能改善我們的專注力和記憶力。漫步期間，腦波變得較為

13 Kramer, C. K., Mehmood, S., & Suen, R. S. (2019). Dog ownership and survival: A systematic review and meta-analysis. *Circulation: Cardiovascular Quality and Outcomes*, *12*(10), e005554.

平靜、比較少沮喪或焦慮感；相同效應在「走馬路」時卻沒有。

假日又或者只是下班後的一個小時，到周遭接近大自然的地方走走吧！

若時間許可，偶爾來一場森林浴。近幾年林務局很用心地推廣讓民眾走入山林的活動。森林浴不但能將低血壓、心跳，還可以減少壓力荷爾蒙皮質醇。目前為止，我們提到的大自然都偏「山」，但也有許多研究支持「海」的療癒力量。看海時，我們情緒會變得比較平靜，心跳減緩、血壓也變低。也有研究指出，看海時我們體內的血清素、腦內啡會增加，進而帶來正向情緒。

除了外出走走之外，還有一個把大自然搬到辦公室的方法。你可以在辦公、居家環境中增添大自然元素，好比盆栽、小植栽。研究發現，辦公室中有植栽也有窗景的員工，82%非常快樂；有植栽沒窗景的，有69%非常快樂；無植栽有窗景的，有60%的人非常快樂；兩個都沒有的，只有58%非常快樂。有企業把大批植栽引進辦公室後，發現員工專注力和生產力都提升了。

如果老闆不買單，別氣餒。以心臟術後病人為對象的研究發現，光是「看到自然景觀照片」就有紓壓效果。這些看得到自然景觀照片的病人，術後焦慮程度低、止痛藥需求也比較少。如果老闆不買植栽，就我們就先從更換自己電腦桌面與螢幕保護程式做起吧。

# 3-5 減壓基本功：要減壓，先睡好睡飽

心理師：「問一下，你公司允許員工喝酒之後來上班嗎？」

個案：「怎麼可能！」

心理師：「但我們看一下你的睡眠日誌，發現你已經很多天睡眠不足哩。」

個案：「可是我沒喝酒啊，這不一樣。」

心理師：「最近有個研究發現，只要你太多天睡眠不足，你的大腦就相當進入喝完酒的狀態。」

個案：「啊，真的喔……」

心理師：「對啊，另外像是，超時工作也會讓你大腦變得像是喝酒一樣，茫茫的。」

個案：「難怪上次加班到十二點時，我居然覺得有點輕飄飄的……」

大腦對壓力非常敏感，因此要紓壓的第一步驟，就是顧好大腦，而睡眠正是讓大腦休息的關鍵。

長期睡眠問題，不但會影響心、肺、腎臟，還會進一步影響飲食系統，造成體重問題、肥胖、糖尿病。免疫功能和抵抗力也會受影響，好比熬夜到凌晨三點，身體的免疫部隊白血球就減少了三成。睡眠不足還會影響情緒起伏、讓人憂鬱。

我們需要多久的睡眠呢？根據美國睡眠基金會建議，十八歲以上成人建議睡眠時數為七到九小時；六十五歲以上長者建議睡七到八小時。學齡期孩子需要更充足的睡眠，國小生為九到十一小時，國、高中生為八到十小時。

長期睡眠不足是一種還也還不清的債，稱為「睡眠債」。這種債欠多了，我們除了各種臟器受到影響外，還會變笨。因為大腦無法獲得充足休息，故專注力、記憶力、判斷力、反應速度都會受影響，工作表現變差，一直出包反而更容易被上司針對。

不過，到底要如何睡上一個好覺呢？我準備了三個好眠要訣，依序從環境、身體狀態和操作方法跟大家分享。

**好睡要訣：**

**環境準備**

**床、床墊、枕頭、棉被**

為了睡眠——這個佔去我們三分之一人生的活動——花點錢挑選適合自己的床組、床墊、枕頭與棉被是值得的。特別是枕頭和床墊，好的寢具讓你好好睡，壞的寢具讓你腰痠背痛。現在很多地方都有展示與試躺的店面，寢具的費用其實是很值得投資的。

**噪音干擾**

觀察一下睡覺的地方是否會受到聲音干擾，好比：捷運、鐵路聲、汽車、鄰居聲音等。很多淺眠的人睡不好，就是因為他們心裡一直在觀察、擔心這些聲音到底何時才會結束。每當有些聲音時，就開始緊張。

讓房間在睡覺時保持安靜，考慮加強隔音。如短時間內無法改善，也可評估是否善用耳塞等輔具，讓自己可以睡得安穩。

不過也得提醒，完全安靜，靜到連自己心跳聲都可以聽見的程度，對某些人來說不會比較好睡。在下雨天、河流聲、蟬鳴聲的陪伴下，某些人反而更好睡。網路上有許多不錯的「白噪音」App，讀者可以挑選適合自己的背景聲，好比流水、下雨、柴火燃燒的聲音等，搭配放鬆使用。

**燈光干擾**

一般來說，睡覺時「全黑」是最理想的。因此，觀察一下房間有沒有任何「光害」，像是路燈、招牌等。

建議在睡前一個小時，把房間大燈（通常是「白光」）關掉，把小燈打開（建議是「黃光」）。透過這個過程「告訴大腦」，等等就要準備睡覺囉。

**溫度、通風也相當重要**

觀察一下房間溫度是否會太熱、是否有足夠的通風，也是重要的好睡關鍵。

核心體溫會隨著一天二十四小時而有微小變化。在核心體溫微微降低時是最好入睡的時機。因此，應避免太晚進行會讓核心體溫升高的事：「洗澡」與「運動」。

整體來說，有運動習慣者睡眠會比較好。不過運動的時間要正確，建議在黃昏、晚上前。盡量避免在晚上從事激烈運動，身體會因此亢奮，反而不好睡。

洗澡也是一個會讓身體變得燥熱的活動，故夏天建議別太晚洗澡；冬天可以稍微晚一點，但通常也不建議一洗完澡就立刻去睡覺。

**遠離咖啡因**

「半衰期」指的是身體轉化、代謝所攝入物質約一半量所用的時間。實驗室數據顯示，健康成人的咖啡因半衰期大約是三至四個小時。也就是說，喝入的咖啡因大概要六到八小時才會完全代謝掉。故建議容易失眠的讀者在下午三點後就避免有咖啡因的食物或飲品。

哪些東西含有咖啡因呢？除了咖啡之外，茶類、汽水、沙士、可樂、巧克力、可可、阿斯匹靈、感冒糖漿，這些東西都有咖啡因。

**遠離菸與酒**

很多人以為睡前一杯紅酒可以助眠，但其實酒精在醫學上被歸類為「抑制劑」，喝酒之後，酒精會抑制中樞神經，雖然帶來一些放鬆、助眠感受，但它的效果很短。乙醇代謝後開始出現的戒斷症狀，就是我們常說的宿醉，常讓人因此頭暈、嘔吐。最重要的是，酒精本身會破壞睡眠結構。因此，喝酒那晚睡眠非常容易中斷，整體睡眠品質會惡化。

抽煙對某些人來說有放鬆效果，但香菸裡含有的「尼古丁」其實是一種興奮劑，會激發中樞神經，讓人變得比較有精神，當然也就更不好睡了。同時，菸與肺癌、心血管疾病大有關係，故強烈建議大家能不抽就不抽。

**不要太餓也不要過飽**

飢腸轆轆時難以入睡，相信大家多少都體驗過。反之，太飽「撐著」也不好睡。因此，睡前不宜吃過飽。若真的太餓，可以吃點清淡的食物。

**好睡要訣：操作方法**

對人體生理時鐘來說，「一定要在幾點睡覺」並不是最要緊的。真正攸關睡眠品質的指標，是你的作息是否「規律」。因此，建議讀者每天「入睡時間」和「起床時間」，都盡量維持在同一個範圍內。好比，你喜歡晚一點睡，就維持入睡期間在晚上十一點到十二點之間，起床時間則維持在早上七到八點之間。

這個規則即便遇到其他因素影響，也盡量不要有大異動。好比，明天放假，很多人習慣假日補眠。這其實會造成爽一天、痛苦很多天的後果。讓你好不容易培養起來的規律生理時鐘又得砍掉重練。又或者，就算前一晚沒睡好，今天也不要想說「多睡一點」、「補回來」。事實上，睡眠是一個會回歸穩定的動態需求，請信任自己的身體，但為它營造一個規律的環境。

為了讓周公準時在夜間翩翩來臨，白天請盡量不要誘惑它出場。也就是說，白天午休不要太久（最多就是半小時）、盡量避免打盹等「充電」行為。同時，把招待周公的房間視為一個神聖之地，只能留給睡眠與性，不要在床上做其他會讓周公困擾的事，好比看電視、滑手機等。

有沒有什麼秘訣，能快點邀請周公現身呢？讀者不妨回想一下，為什麼求學時代、又或是長大後，每到「上課時間」總是這麼好睡？

我自己的體悟是，**只要「無聊」，周公就會出現**。好比，上課容易無聊，因為你被固定在一個地方，哪邊都不能去，什麼「有趣」的事都不能做。因此，要好睡其實不難。在房間放一張椅子，睡前半小時，坐在上面。然後呢？沒有然後了。你不能滑手機、看電視、聊天……這些都是太「有聊」的活動。如果你真的想做些什麼，或許就沉思一會吧，想想人活著的意義是什麼、我們為什麼要活著、宇宙真的有盡頭嗎……很快就會有想睡的感覺。

在燈泡還沒發明之前，世人幾乎沒有失眠困擾。以前的人，太陽下山就準備睡覺了。沒辦法，晚上天一暗，什麼都不能做，真的無聊，只能睡覺（和生小孩）。燈泡發明之後，現在人對於「無聊」已經越來越無法忍受了，萬萬沒想到它其實是好眠的關鍵。簡言之，想要好睡的話，睡前向任何「有聊」的人事物勇敢說再見吧。

此外，把睡眠類比為「股市」會是有幫助的。股市中，偶爾漲、偶爾跌，是很正常的。有時，你可以稍微預測今天會漲還是跌，但許多時候股市表現卻出乎你預期。睡眠也是一樣，偶爾在你的預測下，你確實睡得很好，但仍有幾天沒睡好（就算未必知道原因）也是很正常的，不需大驚小怪。也別因為一天沒睡好就陷入「災難化」的想法中，這種思考方式帶來的焦慮，其實才是我們真的睡不好的主因。

好比，很多人以為十一點一定要睡著，發現自己十一點十分還沒睡著就很擔心，結果反而更睡不著，因為你太焦慮了。很多失眠患者，對於「睡覺」都有一些錯誤迷思，好比：

- 做夢就表示沒睡好（事實上，我們每個人每晚「都會」做夢，只是你有沒有感覺到而已）。

- 如果今天沒睡好，隔天一定要早一點睡，或者在白天補眠（這樣會讓你今晚更難睡）。
- 今天白天心情差、覺得自己比較煩躁，一定是因為昨晚沒睡好（很多因素會影響到你的心理狀態，全部都怪罪給睡眠的話，真是太不公平了）。

偶爾，遇到不好睡的日子，若已經躺床大概十五分鐘了還是睡不著，可以試著離開床上（我們在打斷「失眠」和「床」之間的連結），到客廳、桌前做點溫和的事情，好比打打毛線、畫畫圖、看看書等，讓自己稍微有點小事做（但請避免回想今日事或計劃明天事；盡可能讓大腦是平靜的），直到你覺得有點睏了，再回到床上睡覺。

## 其他好眠的小提醒

- 起床之後立刻曬太陽或者接觸白光，讓光從眼睛喚醒大腦。
- 白天把身體這顆電池的電，盡量用多一點，沒事就動一動身體。
- 睡前別喝太多水，也先記得上完廁所再睡。
- 睡到一半如果醒來了，只要鬧鐘沒響，就繼續睡，不要看時鐘，更別看手機。
- 睡前聆聽放鬆訓練的影音會很有幫助。
- 和醫師討論藥物與睡眠的影響，有些藥會影響睡眠，如某些心血管、氣管藥物。不宜自行買成藥服用。

認真把睡覺當一個專業，從閱讀睡眠相關書籍開始，讓自己更認識真正的睡眠，相信會幫助你提升之後的睡眠品質喔！

## 3-6 減壓基本功：動起來

**某天你拿到一張藥的仿單，上頭寫著這顆神秘的藥具有以下效果：**

- 刺激腦內啡（與正向情緒有關）分泌
- 減少緊繃感，讓身心放鬆
- 增加你的專注力
- 減少脊椎疼痛或僵硬的情況
- 改善消化狀況
- 減輕疲憊感，提升活力
- 舒緩失眠，睡得更安穩

- 增加心肺功能
- 提升免疫功能
- 增加代謝率與能量消耗
- 改善血液品質、清除廢物。
- 增加自信與自我效能

你心想，這藥真的是太划算，就算花再多錢你可能都願意買來吃吧。到底，哪一種藥這麼厲害，可以同時兼顧身體這麼多需求呢？事實上，這顆苦口良藥大家都吃過，它的名字是：「運動」。

二〇一二年《英國醫學期刊》[14]的一篇論文發現，獲得獎牌的奧運選手與大眾相比，平均壽命多了二點八年，意味著運動對延年益壽確實有幫助。同年，哈佛大學也做了運動與壽命的研究，分析六十五萬人，研究結論發現相對於不運動者：

- 每星期快走七十五分鐘的人，平均可延長一點八年的壽命。
- 每星期快走一百五十分鐘的人，平均可延長約四年的壽命。
- 經常運動並保持正常體重者，平均可延長約七點二年的壽命。

就算只是輕度運動，就能降低死亡率約20％，而適量運動則更能降低死亡率達40％。

此外，對老人家來說，適當運動還可以改善大腦功能。平常有運動習慣的老人，只要停止運動十天後，腦中負責學習與記憶的區域，平均血流量就會下降。這告訴我們，運動的效果，最好是能持續比較好。當然，若想每天都幫自己紓壓的話，投資點時間在運動上，絕對是很明智的決定。

## 醫師眼中的長壽運動排行榜

《英國運動醫學雜誌》（*British Journal of Sports Medicine*）一項追蹤研究[15]納入八萬多位成年人，平均年齡五十二歲，每個人平均被追蹤九年。前後歷經十五

---

14 英國醫學期刊（*British Medical Journal*，簡稱 BMJ），是一份同行評審性質的綜合醫學期刊，也是最古老的醫學期刊之一。

15 Oja, P., Kelly, P., Pedisic, Z., Titze, S., Bauman, A., Foster, C., ... & Stamatakis, E. (2017). Associations of specific types of sports and exercise with all-cause and cardiovascular-disease mortality: a cohort study of 80306 British adults. *British journal of sports medicine, 51*(10), 812-817.

年，共八千七百九十人去世，其中有近兩千人是死於心臟病或中風。

透過這些人平常生活的運動習慣與死亡率的相關資料，可以稍微讓我們思考哪些運動比較可能改善心血管系統問題，進而降低後續的患病或死亡風險。

- **第一名：持拍運動**

有拍子的運動，好比桌球、羽毛球、網球、乒乓球等，這些運動可說是「手忙腳亂」。因此，在運動當下幾乎全身肌肉都用到了，除了肌耐力、爆發力，還可以同時鍛鍊肩肘、手部、下肢等。運動過程也需發揮個人的專注力、進而能活絡大腦功能。研究顯示，持拍運動可降低綜合死亡風險約47%；降低心血管疾病死亡風險約56%。

- **第二名：游泳**

游泳一直都是醫生眼中很健康，也不太會傷身的運動。除了能改善血液循環、呼吸功能之外，還能改善如過敏、預防動脈硬化等心血管疾病。對肥胖或關節不好的人來說，游泳更是運動入門的首選。研究顯示，游泳能降低綜合死亡風險約28%；降低心血管疾病死亡風險約41%。

- **第三名：瑜伽**

瑜伽在各種身心靈書籍中廣泛地被提到，是一種除了練身，還能練「心」

的運動。千萬別以為瑜伽是屬於女性的運動，認真的瑜伽做起來不但會飆汗，還能讓心跳加速。瑜伽可以降低綜合死亡風險約27%；降低心血管疾病死亡風險約36%。

● **第四名：跑步**

大家最熟悉的運動跑步，可以強化我們的心肺功能，當然對雙腿、下肢來說，也是很好的強化訓練。規律的跑步訓練可以預防未來摔倒風險。但要提醒，若要讓跑步的效果最好，可別忘了跑步前的暖身、伸展與運動完後的收操與拉筋。跑步能降低心血管疾病死亡風險45%；但研究結果並未發現跑步可以降低綜合死亡風險。

## 運動分成三種，最好都能顧到

以前體育課時，老師會在剛開始時帶大家做伸展、暖身操。這是第一種類型的運動，稱為「**伸展運動**」。特別適合在運動「開始前」、「結束時」進行。伸展運動可以讓身體肌肉被打開，帶來舒緩效果，因此也很適合壓力大的時候做。

在演講開始前，我都會安排學員做一點簡單的伸展，不但可以稍微趕走瞌睡蟲，還能幫助學員專注。很多學員表示，怎麼才沒做幾分鐘，身體就開始熱了。只需要短短時間，讓身體動起來、熱起來，就能透過伸展來獲得些許紓壓效果。

在伸展過程，最重要的提醒就是「盡力就好，記得呼吸」。很多人在伸展時過於用力，時常處於閉氣狀態，呼吸不順之後，動作就更卡了。在遇到身體極限時，放輕鬆、量力而為，反而可以讓身體被打得更開。像是瑜伽、太極、武術等，都屬於伸展運動。

第二種運動稱為「**有氧運動**」，與我們心肺耐力息息相關。大家熟悉的慢走、快走、跑步、游泳、單車、飛輪都算這一類運動。有氧運動可以改善我們的心肺功能，提升耐力。

對沒有運動習慣的人來說，有氧運動做起來的門檻感覺很高。許多人無法想像自己每天慢跑半小時會是什麼光景。這時，我常鼓勵他們去試試看一種稱為「間歇式快走」的方法。做法很簡單，就是輕鬆走三分鐘後，搭配快走三分鐘，以此互相循環，維持半小時。這種「快慢走」不像「慢跑」想起來那麼累，運動效果也不錯。

根據日本信州大學研究所醫學系研究科教授能勢博博士的研究，將平均年齡六十四歲的受試者分成三組，進行五個月的身體調查。分別是不運動組、一般健走組（每週四次、每天健走一小時）、間歇快走組（每週四次，每次含快走約二十分鐘、一般健走約二十六分鐘）。結果發現，「間歇快走」組的人在體重、體脂肪、血壓、膽固醇、血糖、糖化血色素全都獲得了改善，是個很值得嘗試看看的紓壓運動。

第三種運動為「**肌肉張力運動**」，在台灣最常見的就是重量訓練、仰臥起坐。這種運動可以鍛鍊肌肉強度，不同肌肉位置訓練起來也有不同效果。值得提醒的是，肌肉張力運動練習前、後的暖身與收操格外重要。若要讓練習有效，避免運動傷害的話，有時找專人指導是最明智的作法。

## 要活就要動，但「剛剛好」就好

一九五三年，學者莫里斯在知名醫學期刊《刺胳針精神醫學》發表了一篇研究，調查在一九三〇年到一九三二年期間，四十五到六十四歲男性的「冠狀動脈心臟病死亡率」，是否和他們的「工作類型」有關。

研究結論很明顯：其中有一群人比較容易因冠狀動脈心臟病而死亡，另一群人相較之下的機率則低很多。讀者可以猜猜看是哪一組比較容易罹患心臟病：

- **第一組**：園丁、農業勞動者、建築業勞工、碼頭勞工、煤礦工。
- **第二組**：髮型師、紡織品製造者、衣物製造者、打字員、普通職員。

你猜對了嗎？第二組人更容易因為冠狀動脈心臟病而死亡。研究者認為背後一個核心因素是因為，這些人的運動量多半是不足的。而第一組人則因工作過程滿足了許多身體活動需求，相較之下比較不會受此疾病影響（不過，我們在這講的勞動，和運動在本質上仍有差異）。因此，俗話說「要活就要動」，其實是對的喔！

運動除改善生理外，對心理也有顯著影響。英、美科學家在二〇一一、二〇一三、二〇一五年分析了一百多位成人的健康狀態，並把這些人分成「運動者」和「不運動者」。[16]結果發現，有運動習慣者一年當中回報「心情不好」的天數大約是三十五天；不運動者回報精神不好的天數則為五十三天。分析不同類型運動發現，從事團體運動的人，一年中不快樂的天數可以減少百分之二十二點三，規律騎單車者可減少百分之二十一點六，有氧運動和健身則是百分之二十點一。

不過也得提醒，研究普遍共識是：過度運動也不是好事。運動和心理健康的關係是一個U型曲線，完全不運動和過度運動（每天超過三小時），都會對心理健康有不利的影響。

### 還是很難開始運動嗎：從輕量級開始……

很久之前，衛福部曾推行過「五三一運動法」，指的是每周至少運動五次，每次三十分鐘，心跳速率達每分鐘一百一十下。演講場合我常問聽眾，有誰做到？每次舉起手的人幾乎都在五個人以內，有些班級甚至一個人也沒有。

我開玩笑地說，能做到這種堅持的，公司真的是要頒發匾額了。因為這些有運動習慣的人，不但健康，公司不用擔心他過勞。重點是，這群人上班時也比其他人更容易專注而有效率；能請到這種員工，是公司的福氣。

在五三一運動法推行失敗後，大家更耳熟能詳的「三三三運動法」出現了，每周至少運動三次，每次三十分鐘，心跳速率達每分鐘一百三十次。雖然實踐的人比五三一多，但多半都還是不到全場人數的一半能做到。

後來，專家在退無可退的情況下，提出了終極的……「一一一運動法」！從忙

---

16 Chekroud, S. R., Gueorguieva, R., Zheutlin, A. B., Paulus, M., Krumholz, H. M., Krystal, J. H., & Chekroud, A. M. (2018). Association between physical exercise and mental health in 1 · 2 million individuals in the USA between 2011 and 2015: a cross-sectional study. *The Lancet Psychiatry*, *5*(9), 739-746.

碌生活中，每天盡可能找到三個空擋，讓自己動起來，每次至少維持十分鐘，心跳速率達每分鐘一百一十下，到稍微有點喘、心跳變快的程度。

如果可以的話，把車停在離公司遠一點的停車場，快走十分鐘到公司，第一個十分鐘，達到！中午用餐時，故意吃遠一點的餐廳，第二個十分鐘。下班如果搭捷運回家，早一站下車吧，第三個十分鐘又拿到了。類似這樣，不要把運動當作一個「超大塊任務」，把它切成小塊一點，相較之下會容易得多。

另外，要有效養成運動習慣，根據個案分享經驗，有兩個方法是最有效的：分別是「揪團力量大」與「花錢會心痛」。找幾位要養成運動習慣的朋友，成立一個LINE群組吧！誰要去運動時，在上面揪一下。又或者，乾脆一起去報名某個運動課程吧！錢都花了，不去上課實在是對不起自己的荷包！

# 3-7 心理學的紓壓偏方：做好事、說謝謝

心理師：「怎麼樣，上次推薦你去參加的活動，好玩嗎？」

個案：「其實還不錯欸！」

心理師：「有什麼發現嗎？」

個案：「很久沒有出門這樣和一群不太熟的人一起互動了，本來以為會很尷尬的。但過程中，我們在幫助別人的時候，對方一直對我笑、說謝謝，讓我覺得自己好像做了什麼很棒的事。」

心理師：「你確實在做一些很棒的事呀！」

個案：「本來我已經覺得自己快累死了，沒想到你還叫我去療養院當志工，我上次真的快氣死。好險我太太說，她很有興趣，想去看一看。」

心理師：「研究告訴我們，助人其實真的是快樂的來源，也可以紓壓。我也很謝謝你願意真的去試試看，和我分享你的感覺。」

個案：「我下次會帶家裡小孩一起去！」

心理師：「那你要有心理準備，他可能會罵你唷：『我都快累死了，為什麼爸爸還要我去當志工！』」

「日行一善？生活已經夠忙了，還要我去幫助別人？」你沒聽錯，這也不是打高空。研究一致指出，助人、做善事的舉動，不但可以改善身體健康，還能舒緩壓力對我們造成的影響。

一個研究以高血壓患者為對象，研究者提供受試者一人約三千六百元台幣，並要他們在六周內把這筆錢花掉。被指定要把花在「他人」身上，拿來造福他人的這群人，在後續追蹤時的血壓變低了。另一個類似的研究，追蹤了高血壓患者兩年後發現，患者花在善事上的錢越多，後面血壓就降得越多。

不管是醫院、廟宇還是教堂，志工臉上總是都笑笑的，這不是沒有原因的。做好事時，我們的心思會從自己身上，轉移到他人。我們會看到，其實還是有很多人需要幫助，對比自己本來的生活，相較之下自己的狀況其實已經挺好的了。

不過，這種做善事而能紓壓、帶來快樂，會不會只是一種感覺？真的對身體有好處嗎？一群科學家在實驗室中做了實驗來驗證，做善事是會改變大腦的。

受試者要想像，他將要把一筆錢捐給他認同的慈善機構，研究者一邊觀察他們腦部活化的狀況，發現這些人在思考捐錢時被活化的大腦區域，和我們在吃巧克力、吸毒時活化的腦區是一樣的，也就是帶來快樂感受的腦區。光是用想像的就有這樣的效果，想必實際行動會帶給我們大腦更多快樂的感覺。

替同事倒杯水、買個小點心給朋友當驚喜、真誠地感謝今天為你服務的店員、多給一點小費、寫幾張小卡給你想感謝的人、捐血、贊助你認同的組織、當志工、捐贈骨髓……談到善舉，有太多可以做的事了。

除了做善事之外，還有另一個小動作，就能幫你消除壓力、增強幸福感、改善心臟機能、抑制血壓上升、增進與人的親近感。這個動作很簡單，但要「記得」做就比較難了，就是：從生活中尋找值得感謝的人事物，並且表達謝意。

在TED上有個有趣的演講《幸福，從謝謝這一杯咖啡開始》[17]。主講者賈各布斯每天都得靠咖啡來振作上班的精神，為了在兒女面前成為一個「懂得感恩」的好榜樣，他決定開始認真地成為一個懂得感恩的人。就決定從「一杯咖啡」開始思考這件事。於是，他好奇，為了喝到眼前這杯咖啡，到底需要多少人的協助？

在他認真調查之下，他找出了一千多位造就這杯咖啡的人。從咖啡店員和他的父母、老闆、咖啡豆的豆農、杯子廠商、設計出防燙杯套的人、杯蓋設計者與製造商等……這段歷程讓他深感，能夠喝到眼前這杯咖啡，真的是一件了不起的事。在這環環相扣的歷程，若少了某些人的幫忙，這杯咖啡可能就不存在了。

當我們「記得」這樣看事情時，也許就更可能用珍惜的心，享用眼前被視為日常、理所當然的一切。感恩的心其實不只是一句口號而已，若我們能實踐這樣的心態來過日子，就有更多機會去享受每一天。

一行禪師[18]曾說過一個很美的比喻，「一位詩人能在紙裡看到一朵雲」。為什麼呢？因為若無雲，就無雨。若無雨，樹木就不能生長，也就不能造紙了。他創了一個字「interbeing」——兩樣事物之間因為彼此而能成為彼此。

他繼續說，紙裡也有太陽。若沒太陽，就沒有森林，就沒有萬物的成長，包含人類。紙裡也有伐木工人，也有這些工人每天在吃的小麥、農夫……若你願意檢視，眼前的一切存在於此，都不是理所當然的事。

簡言之，人類無法獨自存在。因為我們生活周遭的一切，其實都與其他人事物之間維持著 interbeing 的狀態。若你能有這種認知，那保持感恩的心就容易得多。

賈各布斯在這趟感恩之旅，還曾經聯絡他可以聯繫上的人，親自打電話去向對方說聲感謝。儘管對方一開始都滿頭問號，但在聽到他真誠的感謝之後，都笑了，也很謝謝他特地打這通電話來表達謝意。

17 現已出版實體書《幸福，從謝謝這一杯咖啡開始：一場更接近幸福的感恩之旅》（TED Books 系列）（*Thanks A Thousand: A Gratitude Journey*）（TED Books），A. J. 賈各布斯著，葉妍伶譯，天下雜誌出版，2019。你可以在此書的附錄看到這一千多個人的名冊。

18 釋一行禪師（越南語：Thích Nhất Hạnh，1926 年～）是現代著名的佛教禪宗僧侶、作家、詩人、學者暨和平主義者，也是入世佛教的主要提倡者。在越戰期間，被迫流亡海外，長居法國南部多爾多涅省泰奈克的「梅村禪修中心」，直到二〇〇五年才首度獲准回國參訪。

## 感謝的練習

1 回想一下今天，從出門到現在，哪些地方多虧了他人的幫助，讓你可以順利地過好今天。是公車司機、早餐店老闆，還是身旁的伴侶呢？

2 記得自己在很多地方都受人協助，回憶一下被幫忙的感覺是什麼。

3 把這種謝意往外延伸，去想想那些可能素昧平生，但因為他們，我們社會才能這樣運作的人，好比醫院的醫護人員、消防員，在鄉公所為民服務的公務員。試著從你周遭的生活，往外擴大你的感謝圈。

4 接著，稍微聚焦在自己今天的日子，試著找到三個你想感謝的人，他們是誰？你想感謝他們的哪些具體行為？如果遇到對方，你會跟他們說些什麼來表達你的謝意？

5 最後一個動作是「選配」的，但若你願意，這個步驟可以放大感恩練習的紓壓效果。請你對那些想表達謝意的人，說出你的感謝。如果你覺得這個動作有點害羞，不妨回想一下，你被他人感謝的經驗。被謝謝時，那是什麼感覺？記得這種感覺，然後勇敢地開口說謝謝。你會發現，對方會很開心，而你看到對方開心之後，往往也會開心起來。

正向心理學家馬丁．塞利格曼[19]研究發現，「懂得感恩」是一個強烈影響生活品質的特質。懂得感恩的人更好睡、生活也比較沒有壓力，就算面對困境也比較能展現韌性。以小朋友為對象的研究發現，常懷感恩之心的孩子比較快樂，在念書時期感受到的主觀壓力也比較小。

但很可惜，感恩並不是我們生下來就會的事，它需要後天學習。好消息是，學習感恩永遠不嫌晚，就從今天開始，把它加入你的紓壓清單。

在介紹完這些紓壓方法之後，本書將來到最後一部分，要討論的是紓壓最大的困境，也是我們最容易忽略的關鍵：許多時候，讓自己壓力這麼大的人，不是別人，就是自己。特別對某些急性子、好勝、追求表現的人來說，他們的「性格」本身可能就是最大的壓力來源。

19 馬丁．賽利格曼（Martin E. P. Seligman，1942～）是美國心理學家、教育家和作家，被稱為現代正向心理學運動之父。

Chapter 04

# 你知道「你」就是自己最大的壓力來源嗎？

某次在企業諮詢時，我試著帶一位高階主管做紓壓練習。不過，過程中發現對方時不時皺眉頭、有點坐不住，看起來有點不耐煩。

我決定暫停紓壓練習，聽聽他怎麼想。他說，「心理師啊，我不太能接受在這呆坐著放鬆半小時這件事。這半小時我可以做多少事情啊？我覺得這太浪費時間了！」

不知道讀者在閱讀先前介紹的紓壓方法時，腦中是否也出現了類似的想法。「這些方法感覺不錯，但我實在沒什麼時間做」、「哇，每天都要紓壓，這也太浪費時間了吧？」、「我覺得這不會有幫助，有沒有更快的方法？」……

再往下討論前，先花點時間填填下表。下面每一行都是一種特質的描述，有些人個性偏左邊的描述，有些人偏右邊。請依據你平常的生活方式、做事風格，幫自己挑選一個位置。

如果左邊描述比較像你，那就選擇靠近左邊的位置；如果右邊描述比較像你，那就選擇靠近右邊的位置。比方說下面的示範，如果你是個非常喜歡吃飯的人，就可以勾選靠近左邊的格子。如果你對冬天、夏天沒有特別偏好，就勾選靠近中間的格子。

| | | | | | | | |
|---|---|---|---|---|---|---|---|
| 我喜歡吃飯 | ☑ | □ | □ | □ | □ | □ | 我喜歡吃麵 |
| 我喜歡夏天 | □ | □ | ☑ | □ | □ | □ | 我喜歡冬天 |

這些題目都沒有標準答案，盡可能按照你對自己了解作答就好。以下一共十四個題目，請花點時間作答。

| 人格測驗題 | | | | | | | |
|---|---|---|---|---|---|---|---|
| 從不遲到 | ☐ | ☐ | ☐ | ☐ | ☐ | ☐ | 對約好碰面比較隨性 |
| 非常有競爭性 | ☐ | ☐ | ☐ | ☐ | ☐ | ☐ | 沒有競爭性 |
| 常打斷他人 | ☐ | ☐ | ☐ | ☐ | ☐ | ☐ | 好的傾聽者 |
| 常急急忙忙 | ☐ | ☐ | ☐ | ☐ | ☐ | ☐ | 壓力下仍從容悠哉 |
| 不喜歡等候 | ☐ | ☐ | ☐ | ☐ | ☐ | ☐ | 等待時有耐心 |
| 全力以赴 | ☐ | ☐ | ☐ | ☐ | ☐ | ☐ | 平常心 |
| 一心多用 | ☐ | ☐ | ☐ | ☐ | ☐ | ☐ | 一次做一件事 |
| 講話鏗鏘有力 | ☐ | ☐ | ☐ | ☐ | ☐ | ☐ | 說話深思熟慮 |
| 希望工作表現被看見 | ☐ | ☐ | ☐ | ☐ | ☐ | ☐ | 讓自己滿意比較重要 |
| 生活步調快 | ☐ | ☐ | ☐ | ☐ | ☐ | ☐ | 生活步調慢 |
| 努力認真且拼命 | ☐ | ☐ | ☐ | ☐ | ☐ | ☐ | 隨和悠閒 |
| 隱藏自己的感受 | ☐ | ☐ | ☐ | ☐ | ☐ | ☐ | 表達自己的感受 |
| 除工作外無其他興趣 | ☐ | ☐ | ☐ | ☐ | ☐ | ☐ | 有很多嗜好與興趣 |
| 野心勃勃 | ☐ | ☐ | ☐ | ☐ | ☐ | ☐ | 沒有什麼野心 |

**計分方式：**將剛剛你勾選的格子稍微區分一下，數數看「淺紅色」的格子裡（也就是靠左邊的兩行），你一共勾選了幾個；數數看「深紅色」的格子裡（也就是靠右邊的兩行），你一共勾選了幾個。中間白色的格子，因為比較不具參考性，所以我們先不統計。當你淺紅色的勾愈多，表示你的個性比較偏向 A 型人格；當你深紅色的勾愈多，表示你的個性比較偏向 B 型人格。什麼是 A、B 型人格呢？

## 4-1 什麼是A型人格？

這邊要介紹的A、B型人格不是血型，而是另外一種臨床上的性格分類法。有趣的是，提出這套性格觀點的不是心理學家，而是約莫在七〇年代，由兩位美國心臟病學家提出的。[20]

20 Friedman, M., & Rosenman, R. H. (1959). Association of specific overt behavior pattern with blood and cardiovascular findings: blood cholesterol level, blood clotting time, incidence of arcus senilis, and clinical coronary artery disease. *Journal of the American medical association, 169*(12), 1286-1296.

## 為什麼心臟科候診區的椅子時常磨損

心臟科醫師發現，他們科候診區的椅子特別容易壞掉。是這樣的，有些病人不耐久候，在坐椅子時只坐一點點，一副隨時要站起來做點什麼的樣子。或者，在等候時坐不住，時常站起來走來走去。心臟科候診區椅子最常磨損的地方，是座位和扶手靠前的邊緣。椅子的椅背幾乎都是新的，病人似乎並不享受躺下來，好好坐好、坐滿的感覺。當然，心臟科也還是有另一群人病人在候診時比較悠哉，坐得輕鬆自在。兩位醫生就把這群人註記為「B型（type B）」，而椅子時常壞掉的那一群則被標記為「A型（type A）」。

A型人有哪些特色呢？他們的成就需求高，需要透過成就感來證明自身價值。因此，他們也是一群「自我期許」很高的人。對身體來說，給自己的期待越高、越多，身體要承受的壓力就越高。因此，A型人往往不小心就處在壓力狀態下。

在面對各種期待時，A型人顯得急迫，常覺得時間不夠用，希望自己做事快、說話快、決策也要快。因此，一心多用也是A型人的特色，他們時常一口氣一起處理很多事情，希望能用最少的時間，完成最多的事情。

對外人來說，A型人雖然個性急躁、缺乏耐心，但積極進取、追求完美、精力旺盛、喜歡競爭、超越自己的個性，時常讓這些人在職場中如魚得水，獲得賞識。因此，主管、創業家中其實不少 A 型人。在這個速度飛快的社會，容易培養出很多 A 型人，據調查大概每十個人中，就有六個人偏 A 型性格。

這種工作優先、享受競爭的風格，常讓 A 型人在工作和生活之間「失衡」。他們很難享受休閒，對假期，特別是長假常感莫名焦慮（「真的可以這麼多天不進公司嗎？」）。在與朋友、家人相處時，時常給人沒耐心、火氣大、脾氣壞的印象，因此人際關係往往是 A 型人的一大壓力源。

## A 型人＝競爭＋時間緊迫性＋敵意

A 型人格可以歸納成三個元素，分別是競爭、時間緊迫與敵意。**競爭性**讓這群人努力實現目標。但過度目標導向的生活，容易讓他們變成工作狂，缺乏必要的休息。因此，許多 A 型人雖然事業有成，但家庭關係通常無法兼顧。

**時間緊迫性**讓 A 型人害怕「浪費時間」，無法忍受「拖延」。行事曆放眼望去總是滿滿的，在行程之間幾乎沒有什麼喘息時間。分秒必爭的個性，使得他們很少去思考「休息」的必要性。「休息？我不用休息，那多浪費時間？」在遇到生病、感冒時，他們不覺得這需要休息，反而會自我譴責，怎麼會感冒？這真是浪費時間。

而Ａ型人的**敵意**有時呈現的樣子是咄咄逼人；偶爾，這些憤怒則是壓抑在自己心裡，許久未表達出來後，可能會讓一點點小事（如影印機卡紙）成為壓垮駱駝最後一根稻草，讓他們情緒或行為失控。

研究發現，Ａ型人時常出現憂鬱、焦慮困擾（對未來事情一直有負面擔憂），在工作上常遭遇較大的角色衝突壓力、工作負荷量大，也常有過度完美主義性格、高度控制慾等。

## 悠悠哉哉的Ｂ型人

Ｂ型人與Ａ型人截然不同，他們做事多半出於興趣而非求勝。他們不喜歡比賽、不喜歡超越、不愛競爭，沒有野心。因此，對公司舉辦的績效比賽，他們往往愛理不理。

這群人較無時間緊迫感，也偶爾會因此遲到、拖延或者晚交東西。在處事上，顯得比較輕鬆自在，也能顧好工作與生活之間的平衡（通常「生活」這塊可能還太多了點）。因為沒有時間急迫性，他們與人相處上也比較有耐心，人際關係相較之下也比較好。

台灣大學工商管理學系的教授陸洛發現，Ａ型人格中確實有很多主管，但他們多半是屬於「明星銷售員」這種類型。在有舞台發揮時，他們不遺餘力的展現自我。不過，其實也有很多主管是B型人喔！他們多半是「企業決策主管」的類型。

陸洛認為，A型人追求「以量取勝」、衝業績。但很多時候，量、質有時無法兩全，過度追求「量」的成就，「質」未必能顧好。這時，悠哉、緩慢卻深思的B型人可能就勝出了。因此，你可能也想起一些很厲害的創業者，他們並不是急先鋒，而是展現出定靜安處得，就算狂風暴雨來襲也安然自得的人。

**兩種人格的比較**

| A型人 | B型人 |
|---|---|
| 1 缺乏耐心 | 1 具有耐心 |
| 2 具攻擊性 | 2 不具攻擊性 |
| 3 具有高度競爭及成就慾望 | 3 不注重競爭及成就感 |
| 4 動作快速 | 4 行動緩慢 |
| 5 注重工作層面的表現 | 5 注重生活層面的享受 |
| 6 對於放鬆或休息覺得有罪惡感 | 6 輕鬆中並不會有罪惡感 |
| 7 相當注重時間管理 | 7 較少目標導向 |

## A型人與心血管疾病有關

為什麼 A 型人格一開始是心臟科醫師發現的？因為，這群人正是心血管疾病的高危險群。一般狀況下，壓力來了，好比野狗要攻擊你時，我們的血管會收縮，進入「戰或逃模式」。但 A 型人即便在沒有外在壓力時，血管也還是會縮起來。因為，他們「自己」就是讓自己血管縮起來的原因。

時常，A 型人對待外人的方式，就是他們對自己的方式。你常聽見他們說「動作再快一點！」、「這邊有一個錯，搞什麼？」、「不要拖拖拉拉！」、「講重點好嗎？」等。這些急促而夾雜情緒的語言，都時常是這些人對自己內心的自我喊話。

身體在面對這些自我喊話時，自然會感到緊張，因而出現壓力反應，血管收縮、血流加速、呼吸急促……長久下來，也難怪身體會出現高血壓、胃潰瘍等自律神經失調困擾了。

與個性隨和、生活悠閒、看淡成敗得失的 B 型人相比，A 型人有更高的「高血壓、心臟病與中風」風險。之前提到的兩位心臟科醫師曾以結構式訪談的方式，分析了三千多位年齡介於三十九到五十九歲的男性，追蹤他們八年多後發現，被歸類為 A 型人者，之後罹患心臟病的機率是 B 型人的二點四倍。

而比較新的一份西班牙研究，分析了一百五十位有「中風病史」與三百位「沒有中風病史」的人後發現：

- 因遭逢重大變故，自覺近六個月有壓力感受者，中風風險比一般人高出四倍。
- 有心律不整、睡眠呼吸中止症，白天常感疲倦、愛睏者，中風風險比一般人高出三倍。
- 曾有抽菸習慣，與每天會喝兩罐以上提神飲料者，中風風險比一般人高出兩倍。
- 在排除上述生活習慣、身心健康狀況因素後，A型人的中風風險比一般人高出兩倍。

急或許是勝出的關鍵，但如何在不必急的時候慢下來，這種「切換能力」或許是現代人都必須思考的課題。

此外，區分「動作上的快」與「心理上的急」或許也是另一種值得深思的觀點。**做事快，是物理上的快，但我們的心不用跟著「急躁」起來**。我想，這樣的提醒對這個什麼都講求效率的社會來說，是很重要的。當然，對A型人而言更是格外重要。

## C型人的C是什麼意思？

除A、B型人格外，還有另外一種C型人格在我們身邊也相當常見。下面就請針對題目裡的描述，依照是否認同這句話進行勾選，看看你是否為C型人格。絕大部分認同的話請勾「是」，不然則勾「否」。每題都沒有標準答案，只需依照自己的觀點回答就好。

在回答的欄位中，如果你的答案勾在「＊」的位置就拿到一分。完成後可以再對照下表來了解自己C型特質是否明顯。

## C型人格勾選題

| 題目 | 是 | 否 |
|---|---|---|
| 你能將自己強烈的憤怒自由地表達出來嗎？ | □ | □* |
| 不管發生什麼狀況，你都盡力將事情做好，毫無埋怨嗎？ | □* | □ |
| 你覺得自己是個值得被愛的人嗎？ | □ | □* |
| 你是否經常覺得自己沒有什麼價值，很孤單、感覺被排斥？ | □* | □ |
| 你滿意自己目前的社交關係嗎？ | □ | □* |
| 你有信心能發揮出自己的潛能嗎？ | □ | □* |
| 如果生命只能再活六個月，你會把手邊的事情繼續完成嗎？ | □ | □* |
| 如果醫生說你的病已到了末期，你是否有解脫的感覺？ | □* | □ |

## C型人格得分表

| 0-2分 | 3-4分 | 5-6分 | 7-8分 |
|---|---|---|---|
| 特質不明顯 | 輕度 | 中度 | 高度 |

C型性格的C，其實指的是「Cancer」，也就是癌症的意思。C型人主要的特色是習慣先滿足他人需求，時常吞忍、逆來順受、自我犧牲。無法表達憤怒，因而時常把氣往肚裡吞，生悶氣。看到描述，不知道你心中是否想起了誰？

事實上，這種性格在華人中十分常見，很多甚至會被讚揚EQ很好。不過在心理學觀點來看並非如此，真正的EQ高指的並非「不會生氣」，而是對「生氣」有所覺察，知道自己為何生氣，並且能用健康、適當而合理的方式，把情緒表達出來讓需要的人知道。

過度壓抑情緒的後果有兩個，第一種是「內爆」，沒有出口的情緒開始往身體內找地方展現，常讓人身體出現各種大、小毛病。第二種後果是「外爆」，當事人突然情緒失控，旁人常不知道為什麼。

研究發現C型人是癌症的高危險群。好比，瑞典曾對兩千五百多位成年人進行追蹤觀察，在二十年期間，符合C型性格的人癌症發病率比非C型性格者高出56％！**如果說A型人的解藥就是「慢下來」，那C型人的解藥就是「說出來」。**

## 4-2

# 不當壓力鍋，心理師教你有話好好說

**非黑即白的思考方式，讓你壓力大起來**

有位剛升高一的女孩被父母請來諮商，原因是因為第一次段考之後，她開始出現自殘行為。父母非常驚慌，一個這麼優秀的孩子，怎麼會突然開始自我傷害呢？以後她會不會想不開？

在與孩子會談之前，我們先對父母提供情緒支持，向父母告知「自傷」與「自殺」是不同的概念。「自傷」很多時候其實是一種情緒宣洩的方式。

確實沒錯，在會談時，我們發現了這位同學自殘的原因，就出在第一次段考。仔細一問，她國文、英文、數學、物理、地科、歷史、地理……平均起來分數是九十三分！

如此亮眼的成績讓人印象極為深刻，但她卻默默地說了一聲：「我以前國中每次都可以考滿分的」。

這句話似乎總結了她國中的生活，樣樣完美、毫無破綻。

不過，人生和考試不一樣，不如意總是說來就來。對這位同學來說，沒有考一百分，就相當於〇分。在一百分和〇分間毫無「灰色地帶」。這種思考風格，就是「非黑即白」的意思。

非黑即白的思考風格時常出現在有「完美主義」性格的人身上，對他們來說，報告裡面有「一個」錯字，就相當於這是一份「爛報告」。演講時，吃了一個螺絲，就是一場糟糕的演講。

不允許自己有犯錯空間的自我要求，常讓完美主義者在需要表現時，過度聚焦在自己身上，讓失誤的機會變得更大。他們也可能因為追求完美，而讓辦事的效率變差。這種極端的思考風格，很可能就是讓自己壓力變得更大的原因。

## 和雅婷說心事：有話好好說，壓力少一半

我常覺得「說心事」是一項「專長」，有些人很擅長整理自己的大腦，也能找到

適合的對象，把內心煩亂的思緒藉由訴說，慢慢地整理清楚。因此，把心事說出口當然也有紓壓效果。說是專長，是因為這真的不是所有人都擅長的事。好消息是，說心事是可以練習的。

我常推薦個案下載一個手機 App「雅婷輸入法」，這是一個語音辨識的 App，可以幫你把「說的話」變成「文字」。透過這個過程，我們可以轉換一下「觀看」煩惱的視角。當思緒卡在大腦中，我們往往「當局者迷」。但它若變成了「文字」，卻能帶來意想不到的效果。同時，練習把心事「OUT PUT」或「列印出來」，就是一個整理大腦的練習過程。

「說出來又能怎樣？」這是很多聽眾會問的問題。我的想法是，說出來有時還真的不一定會立刻怎麼樣。不過，透過訴說，我們有機會先理清煩惱的頭緒，述說也是一個可以讓情感被表達的過程。若能找到合適的對象訴說，我們也可以得到一些情感支持。

面對困擾你許久的煩惱，借助他人觀點，往往能「看見」一些我們本來沒有看見的盲點。而這些未被看見的盲點，很可能就是解決困擾的關鍵。

這也是許多人選擇來諮商的原因，儘管在你眼前的是陌生人，但他卻也是一位公正、客觀、與你沒有利害關係，同時具有心理專業的人。在你述說這些話語的同時，他正用著他的專業架構，陪你一起整理這些思緒，試圖找到不同角度的視野，來帶你重新看到一些可能性。

「用短痛處理長痛」是個案曾經說過的比喻。雖然，討論這些煩惱時並不太舒服，但這種經過處理、有建設性的短痛，往往可以避免「後患」無止盡的發展下去。倘若你身邊暫時還找不到一位適合訴說的對象，歡迎找專業的心理師談談，或許會有意想不到的效果。

## 人際關係要經營，壓力才有出口

曾看過一部紀錄片叫《住持的辭世體驗》[21]。主角根本一徹是位日本住持，專門在為想自殺的人提供情緒撫慰與建議，希望能幫他們找回求生意志。

這位住持年輕時生活荒誕不羈，通宵、玩樂、熬夜樣樣來，為了排解鬱悶，什麼事都做。不過，二十四歲時一場重大車禍讓他醒悟過來，才深覺生命的可貴。後來，他陰錯陽差成為了僧侶，修練成為和尚。這部紀錄片記錄著他後續是如何協助不同有自殺念頭的人，重新找到生命的意義。

我印象很深刻的是，在影片中，他辦了一個「辭世體驗營」，讓有強烈自殺念頭的人來參與。裡面有個活動，他發給參與者每人九張紙條，要他們寫下，儘管自己有強烈自殺念頭，仍然最捨不得丟掉、最想留下的三樣東西、對自己生命而言最重要的三個人，以及在去世之前，最想完成的三件事（若你願意的話，你可以花點時間，也把這九樣人事物寫下來）。

**九張紙條**

| 最重要的三個人 | 最想留下的三樣東西 | 最想完成的三件事 |
|---|---|---|
| | | |
| | | |
| | | |

21 《住持的辭世體驗》（*The Departure*），Lana Wilson 導演，Drifting Cloud Productions, LLC. 出品，2017。

接著，他請這些參與者從這九張紙條裡挑出一張，比較能捨棄的，請參與者揉爛它，把它丟到火堆裡。象徵你再也無法達成這個夢想、碰到這個人、接觸到這樣物品。就這樣，一張、一張的丟，直到最後一張不剩時，他靜靜地說：「現在什麼都沒了，死亡就是這個樣子」。

我在一些演講場合帶過這個活動，一個共通的發現是：大家最後捨不得丟棄的那幾張紙，上面寫的都是「人」。雖然很多時候帶給我們壓力的，正是「人」；但更多時候，帶給我們幸福與快樂的，也是人。

高品質的人際關係可以讓我們更健康。研究發現，社交關係穩定且品質佳者，整體血壓、BMI都比較低，免疫功能也比較好，較少有心血管疾病或其他慢性病，這些人通常可以活得更久。

與之相反，孤單、寂寞等缺乏人際關係而衍生的情緒，時常導致我們壓力賀爾蒙（皮質醇）的增加，進而造成血壓升高、干擾免疫系統等。曾有學者比喻，寂寞對健康的影響，就像是你一天抽了十五根菸一樣。

在面對壓力時，優質的人際關係可以陪伴我們找出力量，勇敢面對它。曾有一個看你可以「泡冰水」泡多久的研究，想探討人類如何面對痛苦。結果發現，與自己獨自泡冰水相比，如果另一半也在現場，握住參與者的另一隻手，就能讓參與實驗的人承受更久的冰水，腦中「疼痛」的區域反應也變得比較少。在本書即將來到尾聲的這一刻，我想說「人際關係」是紓壓的終極法寶。

提到人際關係時，我指的是：

- **親情**：家人、父母、親戚
- **愛情**：另一半、男女朋友
- **友情**：知心朋友、相處起來自在安心的朋友

在人際關係的經營上，你這陣子的努力足夠嗎？想想那些對你而言重要的家人、情人，還有那開始工作之後就逐漸凋零、流失的好朋友們。

芬蘭與英國研究發現，我們一生的人際關係高峰是二十五歲，也就是說自此後，我們與他人的人際互動數量就會往下掉。取平均數來看，二十五歲時人際互動數男生是十九人、女生是十七點五人。此後就一直往下掉，到了三十九歲，男生互動人數變十二人、女生為十五人。到了八十歲，男生互動人數變六人、女生為八人。

研究者認為，年輕時我們參與各種群體、廣泛交友，但隨著年紀增長，我們的時間與精神都有限，我們得思考自己到底要追求什麼、想過怎樣的日子，進而會從

中決定留下一些對自己而言真正重要的朋友。我們也會把更多精神用在經營、維持特定的關係。

看到研究數字，讀者可能會驚覺，好少！是的，但這也反映出人際關係經營重質勝於量的現象。所以，快把你生命中的這些重要人際關係找回來吧！人際關係是需要「經營」的。

當然，與此同時，對那些持續給你壓力的人際關係，或許可以考慮「人際斷捨離」。不求八面玲瓏，面面俱到，只願練習取捨，問心無愧。慢慢放下，不必執著與強求，生命就短短幾年，我們應該把心力留給對我們來說真正重要的人才是。

**我知道你在等退休，但是……**

「上班壓力好大，到底還有多久才能退休啊！」相信很多人都曾在心裡吶喊。不過，來想像一個情境：你中了一大筆樂透，足夠你無虞活到終老。

明天開始，你就退休了！

此刻的你可能很開心、很興奮，但我要問的問題是：「明天空下來的八小時，你要幹嘛？」

如果此刻你的腦中一片空白，那就危險了。事實上，剛退休那陣子，是最容易出現退休恐慌的期間。原本固定工作佔去的八小時突然空了，很多人不知所措。如果你就這樣讓日子空白下去，很可能就是「退休症候群」的高危險群（我在網路搜尋資料時，才剛輸入完退休症候群，搜尋引擎自動出現了後面這幾個字：空虛到想撞牆）。

已經有不少研究發現，太早退休的人，與工作到屆齡退休者相比，生活更不快樂。歐美研究也發現，越早退休，大腦思考能力掉得越多。看來，**工作本身雖然是壓力來源，卻也可能在我們每天生活中扮演著「剛剛好的壓力」，讓我們得以有些目標努力**。

雖然離退休還有段時間，不過除了「工作」之外，其實人生還有很多可能性。也還有很多屬於我們自己在意的目標可以經營與努力。千萬別等退休那一天再來思考「我喜歡什麼」、「我想做什麼」。

若我們能在現在體力、精神好的時候，發揮創意，找出時間，試著「開發」各種自己的樂趣，偶爾留點時間投身其中，不但具有紓壓效果，這些平日慢慢努力的樂趣，也將在我們退休那天開花結果！但重點在於，這些紓壓樂趣，是我們現在就可以開始經營的，而不是等到退休那天才開始喔！

## 你怎麼過日子，決定你活多久

根據美國國家健康中心、美國人口普查局提供的健康統計資料摘要，整理了各種攸關人類壽命的指標。我們可以一邊跟著計算看看，也藉機複習一下各種與壓力、健康有關的概念。

### 生存年齡預測

基本年齡：七十六歲

- **範例試算**：三十三歲、男性、居住都會區、有血親活至八十五歲、父親在五十歲前死於中風或心臟病。一年賺取的收入超過十萬美金、有研究所或博士學位。個性熱情、有幹勁但容易動怒、人生有非達成不可的目標，並覺得自己是快樂的人。平常有繫安全帶、戴安全帽習慣。目前和配偶、朋友或家人住在一起。自覺得身邊有許多親朋好友，有強烈的社交聯繫，但多數時間仍會煩躁壓力大。有規律且適當之運動習慣，但目前仍超重五至十公斤，不過心臟舒張壓（底端的數字）低於九〇。生存年齡試算結果為七十九歲。

| 年齡調整： | | |
|---|---|---|
| 如果此刻你的年齡介於三十二到四十三歲之間 | 加二歲 | 78歲 |

| | | |
|---|---|---|
| 如果此刻你的年齡介於四十四到五十二歲之間 | 加三歲 | |
| 如果此刻你的年齡介於五十三到五十七歲之間 | 加四歲 | |
| 如果此刻你的年齡介於五十八到六十一歲之間 | 加五歲 | |
| 如果此刻你的年齡介於六十二到六十五歲之間 | 加六歲 | |
| 如果此刻你的年齡是六十六歲或以上 | 加七歲 | |
| **性別：** | | |
| 男性 | 減三歲 | 75歲 |
| **居住地：** | | |
| 居住在都會區 | 減二歲 | 73歲 |
| 居住在人口較少的小鎮或郊區 | 加一歲 | |
| **家族：** | | |
| 有任何一位血親活到八十五歲或以上 | 加二歲 | 75歲 |
| 有四位血親活到八十歲或以上 | 加五歲 | |
| 父親或母親任何一人在五十歲前死於中風或心臟病 | 減四歲 | 71歲 |
| 父母、兄弟或姊妹當中，有任何一人在五十歲前就罹患癌症或心臟病，或在童年時期就有糖尿病。 | 減三歲 | |

| | | |
|---|---|---|
| **學歷與工作** | | |
| 一年賺取的收入超過十萬美金 | 減一歲 | 70歲 |
| 唸完大學或專科 | 加一歲 | |
| 有研究所或博士學位 | 加二歲 | 72歲 |
| 如果你已經六十五歲或更老，但仍從事你喜歡的工作。 | 加二歲 | |
| 工作若需要久坐，如辦公桌類型。 | 減二歲 | |
| 工作需要經常活動身體，如農夫、勞工。 | 加二歲 | |
| **個性與生活方式：** | | |
| 如果你熱情、有幹勁但容易動怒。 | 減二歲 | 70歲 |
| 如果你容易相處、悠閒、心平氣和。 | 加二歲 | |
| 你的人生有非達成不可的目標（很重要但尚未完成的事） | 加一歲 | 71歲 |
| 覺得自己是快樂的人 | 加一歲 | 72歲 |
| 覺得自己是不快樂的人 | 減二歲 | |
| 過去一年，有收到超速罰單者。 | 減一歲 | |
| 有繫安全帶、戴安全帽習慣者。 | 加一歲 | 73歲 |
| 和配偶、朋友或家人住在一起。 | 加四歲 | 77歲 |

| | | |
|---|---|---|
| 從二十五歲開始，獨居且未養寵物。 | 每十年減一歲 | |
| 覺得自己身邊有許多親朋好友，有強烈的社交聯繫。 | 加一歲 | 78歲 |
| 覺得自己多數時間都放鬆沒大壓力 | 加一歲 | |
| 覺得自己多數時間都煩躁壓力大 | 減二歲 | 76歲 |
| **健康習慣** | | |
| 有規律且適當之運動習慣，如：散步、跑步、游泳、騎腳踏車或前文所提的項目，頻率維持每週三次，每次至少半個小時。 | 加四歲 | 80歲 |
| 每晚睡眠超過十小時以上 | 減三歲 | |
| 吸煙每天超過二包者 | 減八歲 | |
| 吸煙每天一至二包者 | 減六歲 | |
| 吸煙半包至一包者 | 減三歲 | |
| 每天喝三杯酒以上的男性，或每天喝兩杯以上的女性。 | 減二歲 | |
| 體重超重二十公斤以上 | 減八歲 | |
| 體重超重十至二公斤者 | 減四歲 | |
| 體重超重五至十公斤者 | 減二歲 | 78歲 |

| | | |
|---|---|---|
| 年過四十的男性，有定期健康檢查者。 | 加二歲 | |
| 十八歲以上女性，有規律接受婦科檢查者。 | 加二歲 | |
| 心臟舒張壓（底端的數字）低於九〇者 | 加一歲 | 79歲 |
| 心臟舒張壓介於九〇至一〇四者 | 減一歲 | |
| 心臟舒張壓高於一〇四者 | 減二歲 | |

• **你的預期壽命是＿＿＿＿歲**

依序完成計算後，你的預期壽命是幾歲呢？雖然這份調查年代比較久遠了，但裡頭提到各種可能影響壽命的因素，特別是我們可以「控制」的部分，還是很有參考價值。看完如果心驚驚，趕緊翻回「紓壓撇步」，幫自己再加個幾歲的壽命喔！

# 4-3 壓力大到招架不了，記得找專家

來到本書最後一節了，期待讀者都已經對壓力、壓力源、紓壓方法已經有初步的認識。不過，人生是辛苦的，有時我們遭逢到的壓力太巨大了，可能超出這本書所能提供的幫助。

當壓力太大、維持太久，讓你的身體出現嚴重症狀，讓你的心非常疲憊，甚至開始憂鬱、焦慮、不適，你需要的可能就是更進一步的協助——善用心理健康專家。

國人對「心理健康專家」其實不是很了解。相較於牙痛看牙醫、感冒看家醫科、耳鼻喉科，民眾對於「壓力大」應該看哪一科，時常一頭霧水。好比，下面整理了七個你可能聽過的專家稱呼，但裡面有三個其實是「假的」。因為它們在法規裡

面其實是找不到的，比較是大眾以訛傳訛的說法。你猜得到是哪三個嗎？

（　）精神科醫師

（　）身心科醫師

（　）心理醫師

（　）諮商心理師

（　）心理諮詢師

（　）心理治療師

（　）臨床心理師

答案：心理醫師、心理諮詢師、心理治療師

## 認識精神／身心科

民眾對「精神科」這三個字還是存有很多誤解，好比：「那個是瘋子在看的」、「神經病才看精神科」。所以，許多醫療單位為了降低民眾就診精神科的門檻，將它改稱為「身心科」，也希望藉此凸顯：身體、心理會互相影響的觀念。

近年，精神醫學領域很努力在推動「去污名化」的行動，期待有需要的國人可以積極就醫，及早面對、及早接受妥善的醫治。

誰可以來看精神科、身心科呢？其實這個問題就跟「誰可以來看牙科呢？」是一樣的，答案就是「每個人」。

大腦是個非常精密的器官，在裡面有很多複雜的神經迴路。越是精密的儀器，就越可能因為一些小小的「失常」，使功能受到影響。大腦也是！這麼複雜的器官，因為一些小小狀況而當機，其實很常見的。好比，壓力就是一個時常造成大腦當機的原因。

精神科並不是一個「病得很嚴重、精神失常的人」才能使用的專業。在遇到壓力、煩惱、情緒失調，或自律神經失調症狀等，就診精神科都是很明智的行動。曾聽同事的小孩說，**精神科就是幫助你打起精神的科**。事實上，這樣的認識比許多大人都還要正確。

## 台灣沒有心理醫師喔！

台灣其實沒有「心理醫師」這種專業，但為什麼我們時常覺得這個詞彙很熟悉呢？因為，歐美國家確實有這種專業。我們會在很多電影裡看到心理醫師。在台灣，「醫師」指的是可以使用藥物治療的專業，最接近心理醫師的醫學專業，在台灣是「精神科醫師」或「身心科醫師」。

接受七年醫學訓練後，醫師選擇精神科作為專攻領域，通過相關實習與考試後，方能取得精神科專科醫師執照。在醫學訓練時，醫師接受了完整的生理、藥理訓練，主要提供民眾的是藥物治療。

雖然心理諮商、治療也是醫師可以提供的，但因健保制度，醫師在一個門診的時段需要消化的病人數量真的太多了，所以民眾往往不一定有足夠的時間，可以和醫生進行深度的心理治療。這是健保制度中一個比較可惜的地方。所幸，精神科是一個團隊合作的地方，所以心理治療這個業務還有其他專業可以協助，最主要的專業就是臨床心理師。

**臨床／諮商心理師**

依據法規，醫事人員中的心理師基本上要有碩士學位。主修專業通常是臨床心理學、行為醫學、諮商心理學等。此外，也須在碩士班修業過程接受一年的全時實習，地點可能在精神科、學校、機構等地。

與醫師不同，心理師無法提供藥物治療。在與個案工作時，心理師的專業武器是「心理學」。在養成階段，心理師會接受心理病理、心理評估與各種心理治療理論與技術的訓練，學習用科學的方式，去了解眼前的個案和他遇到的困擾，透過個案概念化的歷程，協助個案在人生的困擾中，找到新的可能性，嘗試過去沒嘗試過的作為，看看人生有何改變。

臨床心理師主要工作場域是醫院、心理治療所、戒治所；部分企業、學校或機構裡面也有臨床心理師。而諮商心理師主要工作的場域則是學校、社區機構，或心理諮商所。不過，現在也有很多心理師互相流用，好比在醫院裡的諮商心理師、在學校裡的臨床心理師等。

前來諮商的個案裡，求助原因的第一名是情緒困擾，也就是憂鬱、焦慮、憤怒等情緒，影響到生活所以來求助。第二名，就是本書的主軸：壓力。不管各行各業，是老闆還是基層員工，是爸媽還是小孩，其實每個人多少都會受壓力影響。找專業做討論，能更有效地去應對各種生活壓力。

期待透過這邊的說明，讓大家更認識守護國人心理健康的專業有哪些。當然，在未來有需要時也請別客氣。

## 可以在哪邊找到臨床諮商心理師？

1 各大醫院精神科、身心科，請先掛號「精神科醫師」，和醫師說明你的困擾之後，可以請醫師轉介，幫你安排與臨床心理師碰面（健保）。

2 部分醫院設有「自費心理門診」，這邊的掛號程序和掛其他科一樣，選定適合你的心理師後，便可直接與心理師碰面（自費）。

3 上網搜尋「精神科診所」、「身心科診所」，雖然診所經營者為精神科醫師，但醫師多半會聘請心理師提供心理治療服務（多半為自費）。

4 上網搜尋「心理治療所」、「心理諮商所」，即可找到您居住地附近的心理師（多數為自費，部分為政府方案補助）。

5 上網搜尋「社區心理衛生中心」，亦可找到有心理師在內提供諮商服務（部分自費，部分政府補助，費用較便宜）。

6 如果還是學生，在校園中的「諮商中心」裡就有心理師了（免費）。

7 員工協助方案（Employee Assistance Programs，簡稱 EAPs），是公司提供的員工服務。在員工有需要時，由公司端引進與安排心理師與員工進行諮商服務，可向公司詢問是否有提供類似資源（免費）。

結語

# 抗壓是種能力，現在學不算晚

研究記憶的心理學家艾賓豪斯[22]曾用自己為實驗對象，詳細的紀錄「記憶」是如何衰退的。他發現，如果沒有複習的話，我們一開始聽到的資訊大概在二十分鐘之後就會忘了四成、一個小時後忘了五成、一天後忘了六成、兩天後會忘記七成。

本書提到的觀念其實也是，如果沒有時常拿來用，很快就會忘光了。學習一旦停止，大腦就開始遺忘。讓學習一直持續下去的方法，就是不斷地應用它。和小時候學習九九乘法表一樣，一開始多少會覺得困難，不過，只要時常有機會應用它，這些知識後來就會內化，變成我們的一部分。

因為工作的關係，我時常需要教授這些壓力的觀念與技巧，其實我正是最大的獲益者。儘管，我也和大家一樣，每天都得面對來自工作、家庭與生活的各種壓力。偶爾在忙碌時，也常忘了要好好紓壓。不過，心頭知道手上有各種壓力管理的工具可以用時，應對壓力時就變得比較有信心。

透過一次次的自我提醒，花時間練習各種技巧，書中提到的各種觀念與紓壓方式，都能明顯改善各位的生活。我們能找到一種平衡方式，讓剛剛好的壓力推自己一把，同時找到方法應對「不健康的壓力」。

祝福每位讀者都能從這本書中，得到適合自己的減壓秘訣；期待這些秘訣能讓你的生活可以開始有那麼一點不同。

---

22 赫爾曼．艾賓豪斯（德語：Hermann Ebbinghaus 1850～1909），德國心理學家。他開創了記憶的實驗研究，以發現遺忘曲線和間距效應而聞名。

參考書目暨延伸閱讀

# 與壓力有關的好書

1

**《為什麼斑馬不會得胃潰瘍？壓力、壓力相關疾病及因應之最新守則》**

（*Why zebras don't get ulcers: an updated guide to stress, stress-related diseases, and coping*）

作者／羅伯特．薩波斯基（Robert M.Sapolsky）　譯者／潘震澤　出版社／遠流

是本探討壓力生理學的經典好書。

2

**《當身體說不的時候：過度壓抑情緒、長期承受壓力，身體會代替你反抗》**

（*When the Body Says No*）

作者／嘉柏．麥特（Gabor Maté）　譯者／李佳緣、林怡婷　出版社／遠流

如果你想更了解「身體」與「壓力」的關係，本書值得參考。

3

**《壓力效應：如何調整［心智］與［大腦］的互動，將壓力轉換成助力》**

（*The Stress Test:How Pressure Can Make You Stronger and Sharper*）

本書詳細介紹了壓力對身心與大腦的影響。

作者／伊安・羅伯森（Ian Robertson） 譯者／高梓侑 出版社／晨星

4

**《放鬆之書：找出源頭、調適情緒、釋放壓力的全方位療癒減壓手冊》**

（*The Relaxation and Stress Reduction Workbook: Sixth Edition*）

本書以結構化的方式整理了心理學中有用的減壓技巧。

作者／瑪莎・戴維斯、伊莉莎白・艾許曼、馬修・麥凱（Matrha Davis, Elizabeth Robbins Eshelman, Matthew Mckay） 譯者／林曉芳 出版社／遠流

5

**《練習不壓抑》**

如何找到內在的勇氣，把內心的話好好說出口，本書可作為參考指南。

作者／蘇益賢 出版社／時報出版

6

**《認真的你，有好好休息嗎？平衡三力，找回活力》**

本書以腦力、體力、心力為架構，帶領讀者重新認識「休息」的學問。

作者／黃天豪、吳家碩、蘇益賢 出版社／心靈工坊

# 致謝

今（二〇二〇）年是個動盪的一年，許多工作被迫延宕或取消，但我也因此得到了一些留白的時間。感謝這些留白時間，讓我順利在今年完成三本實體書的出版、兩本有聲說書與一堂正心理學音頻課程的錄製。如本書所言，好的壓力會推著我們前進；但還是希望疫情能早日結束。

本書主要的內容，多半是二〇一九年兩百場演講過程中，與不同聽眾互相激盪出來的，我要特別感謝以下這些單位與夥伴：保姆紓壓課程中，每一位可愛的學員；在工作生活平衡講座，丟出無數點子（與煩惱）的 Google 工程師們；中華民國工業安全衛生協會台北職訓中心的大家；肯園好夥伴京睦、唯捷與溫老師；大愛電視的珮君、咪哥與夏民；宅配通職安中心的蕙萍經理；新竹市生命線員工協助服務中心的大家；興智國際管顧的大家；主持生命花園讀書會的曉清、黛瑋與所有學員們；新田與初色心理治療所的大夥兒；一起完成另外兩本書的天豪、家碩、昱萱和裕翔；一起去露營的子琳、慧雯與瑞騏；鐵四角的映竹、心怡與雅淳；「心理師想跟你說」數位內容製作部總監郁芙；台北市職發學院的郁雅；以及這幾年，一路上直接或間接幫助過我的所有朋友和家人。

希望我未來還能繼續寫書，這樣才能利用謝詞的篇幅，繼續感謝更多沒有在這謝到的人。

在參與過幾本書的出版流程之後，以前只是愛書人的我，終於有機會知道「做書人」的日子長怎樣。謝謝湯哥、明珠、Sasa 與小五的協助。答應我，要多練習書裡提到的紓壓方法，好嗎？

在書中，我提到表達謝意與練習感恩，也是紓壓的好方法。我也想趁此機會，感謝購買本書、閱讀本書的你，你的支持是鼓勵更多創作者繼續努力的動力。

最後，如果您對這本書有任何的建議、心得、想法或指教，都歡迎透過這個小問卷，來與我交流。

https://forms.gle/ZmRCPykeoEJJxaS77

從此不再壓力山大：給忙碌人士的紓壓撇步 /
蘇益賢 著—一版 .-- 臺北市：時報文化，2020.10;
248 面；21*14.8 公分 . --(生活文化 ;68)
ISBN 978-957-13-8383-5 (平裝)
1. 壓力 2. 抗壓 3. 生活指導
176.54　　109014232

生活文化 68

# 從此不再壓力山大：給忙碌人士的紓壓撇步

**作者**｜蘇益賢　**主編**｜湯宗勳　**編輯**｜果明珠　**美術設計**｜林佳瑩　**企劃**｜王聖惠　**董事長**｜趙政岷　**出版者**｜時報文化出版企業股份有限公司　**地址**｜108019 台北市和平西路三段 240 號一至七樓　**發行專線**｜(02)2306-6842　**讀者服務專線**｜0800-231-705、(02)2304-7103　**讀者服務傳真**｜(02)2304-6858　**郵撥**｜1934-4724 時報文化出版公司　**信箱**｜10899 台北華江橋郵局第 99 信箱　**時報悅讀網**｜http://www.readingtimes.com.tw　**電子郵箱**｜new@readingtimes.com.tw　**法律顧問**｜理律法律事務所 陳長文律師、李念祖律師　**印刷**｜勁達印刷有限公司

一版一刷　二〇二〇年十月三十日
定價　新台幣三六〇元

版權所有 翻印必究（缺頁或破損的書，請寄回更換）

時報文化出版公司成立於一九七五年，並於一九九九年股票上櫃公開發行，於二〇〇八年脫離中時集團非屬旺中，以「尊重智慧與創意的文化事業」為信念。

ISBN：978-957-13-8383-5
Printed in Taiwan